NHK BOOKS
1269

〈普遍性〉をつくる哲学
――「幸福」と「自由」をいかに守るか

iwauchi shotaro
岩内章太郎

NHK出版

序　現代の普遍論争

哲学の勢力図が大きく変わろうとしている。その主役は、マルクス・ガブリエルの「新しい実在論」、カンタン・メイヤスーの「思弁的唯物論」、グレアム・ハーマンの「オブジェクト指向存在論」を中心にした現代実在論である。この思潮は、長らく支配的であったポストモダン思想の「相対主義」を根本から批判して、哲学を「絶対的なもの」や「普遍的なもの」の方へ、再び導こうと試みる。一言でいえば、彼らは人間の認識から独立してある「実在」を考えるのだが、近代以降の哲学の歴史を見ても、これほど「実在論」の看板に関心が集まったことはない。

たとえば、近代哲学で最も有名な哲学者の一人イマヌエル・カントや現象学の創始者エトムント・フッサールは、経験的には実在論の立場を認めつつも、一切の経験を可能にする条件に思いを巡らせることで、物の見方の新しい地平を切り拓いた。たしかに、マルクス主義の唯物史観や、論理実証主義から続く科学的実在論の系譜はあるだろう。しかしながら、カント以降の哲学は、対象をそのままの形でまるごと認識することはできないと主張した「超越論的観念論」の影響によって、実在論の立場を素直に受け入れることが難しくなったのである。

ところで、近代以前の中世哲学には、「普遍論争」と呼ばれる「唯名論」と「実念論」（実在論）の論争があった。その中心には、こういう問いがある。普遍的なものは言葉の内にだけ現われるのか。それとも、普遍的なものは人間の言葉や認識の外に実在するのか。つまり、普遍の存在性格をめぐって、二つの主張が真っ向から対立したのである。

いま、現代哲学の舞台で起こりつつある変動を、「現代の普遍論争」と呼んでみることもできるだろう。近代的普遍性を相対化し尽くしたポストモダン思想と、普遍性の実在を新たに持ち出してきた現代実在論が激しく反目しているのだ。しかし、なぜこのような状況になってしまったのだろうか。

二十世紀後半に、ポストモダン思想は近代哲学の成果に根本的な疑義を呈した。近代哲学は、理性、意識、明証、真理などの概念によって、客観的世界の真の姿を厳密に記述する可能性を探究した。しかし、「どこでもないところからの眺め」（トマス・ネーゲル）によって、世界を見渡すことなどできない。私たちはつねに特定のコンテクスト（状況や文脈）に依存しており、人間の世界認識は、社会、文化、関係性、言語、身体、無意識に否応なく左右される――。ならば、近代が信じた普遍性という理念は、そのじつ特権化されたコンテクストから現われた相対的構築物にすぎない。

その批判の矛先がフッサール現象学にも向けられたのは、言を俟《ま》たない。フッサールは厳密な無媒介の世界認識という近代哲学の野望を隠し持っているとして、基礎づけ主義、現前の形而上学、ロゴス中心主義というレッテルを貼られた。とりわけ、ミシェル・フーコー、ジャック・デリダ、リチャード・ローティの批判は厳しいもので、現象学は形而上学の復興を企てる時代遅れの独断論である、という理解が広く流布した。

注目すべきは、ジェンダー論やカルチュラルスタディーズが、ある社会で支配的な価値観は特権的な立場の人間に都合よく作られたものにすぎないという見方に立って、ポストモダン的構築主義をその理論基盤に採用したことである。性的マイノリティや被支配民の特殊な状況を語るためには、その特殊性を覆い隠して見えないものにしている「一般性というベール」をまず取り払う必要があったのだ。マジョリティが一方的に押しつけてくる独断的偏見を徹底的に相対化しようとした構築主義は、実際、普遍性から締め出されて苦しむ多くの人間の心情を代弁した。

また、現象学を批判的に受容したエマニュエル・レヴィナスは、ポストモダン思想とは別の仕方で、現象学の独断性を告発した。その要諦は、他者を〈私〉の自己移入によって規定する現象学は全き他者の他性を蔑《ないがし》ろにしている、というものである。〈私〉が他者を完全に理解することはない。他者の存在は〈私〉の理解を超えていて、それは〈私〉の類似物ではない。このモチーフは、デリダの「脱構築」を体得したG・C・スピヴァクが提示する「サバルタン」の議論に連なっている。

ところが、二十一世紀に入ると、ガブリエルの新しい実在論が登場する。この哲学は、メイヤスーやハーマンの思弁的実在論やチャールズ・テイラーとヒューバート・ドレイファスの多元的実在論と緩やかに連携しながら、ポストモダン思想＝構築主義がすでに終わりつつあることを告げ知らせる。すべてが相対的な構築物にすぎないとしたら、私たちが共有する現実や理念の根拠が無くなってしまう。普遍性は実在すること、そして、人間はそれを認識できることを証明してみせよう、というのだ。

もちろん、ガブリエルは、カント以前の素朴実在論への回帰を意図しているわけではない。ポストモダン思想の近代批判を十分に読み込んだうえで、さまざまな物の見方を認める「多元主義」と、物や事実それ自体を認識できるとする実在論を、同時に承認するのである。その戦略は、虐げられた者の不遇な状況を相対主義によって代弁するのではなく、無限に生成する「意味の場」の存在論を展開することで文化の多様性を保障する、という斬新なものだ。ここではさしあたり、新しい実在論は認識論の限界を主張して、認識論を経由しない存在論を打ち出す、とだけ言っておこう。

興味深いのは、新しい実在論が思弁的実在論に代表されるポスト・ヒューマニティーズ（＝人間以後の哲学）からは距離をとり、ヒューマニティーズ（＝人間の哲学）の復興を目指していることである。この点、ガブリエルは現代実在論の中で異彩を放つ。誤解を恐れずに言えば、ガブリエルは人間的自由の本質を描いたドイツ観念論の異端な継承者なのだ。

しかし、民族、人種、文化、宗教、ジェンダー、言語の違いを越えて、すべての人間が共有する〈普遍性〉をつくることなど可能なのだろうか。その原理を哲学の言葉できちんとつかむことができれば、相対主義の精神を終わらせて、新しい時代の精神を創出することができるはずだ。

本書は、現代から近代へと時代を遡る仕方で、〈普遍性〉をめぐる諸問題を論述する。その大きな理由は、二十一世紀の現代実在論と二十世紀のポストモダン思想は、独断主義と相対主義の対立として捉えられるのであり、それを可能にするのが、まさに近代哲学の観点だからである。つまり、逆に言えば、私はポストモダン思想と現代実在論がともに批判してきた近代哲学の功績に、そのなかでも特に現象学の成果に、哲学の真の力を見ていることになる。

第一章では、新しい実在論の射程を確認する。ガブリエルは「意味の場の存在論」と呼ばれる存在論のモデルを提起することで、伝統的形而上学と構築主義を乗り越えようとする。ガブリエルによると、自然主義（自然科学によって探究される対象だけを学問の対象として認めるべきだという主張）は、「自由の精神」を縮減して、生きる意味を無化するニヒリズムを発現させる。そこで打ち出されるのが、人間の自由を再建するための「新しい実存主義」である。私の前著『新しい哲学の教科書』では、ガブリエルをはじめとする現代実在論の哲学的意義を伝えるために、あえてその批判は行なわなかったが、本書ではそれを乗り越える可能性を示してみたい。

第二章では、構築主義と絶対他者の哲学の動機を見ていく。相対主義の立場をとる構築主義は、「認識」と「存在」の文化的、社会的、言語的相対性を主張する。たしかに、その方法が相対主義であることは課題として残されるにしても、マジョリティが周縁化し、黙殺してきた人びとの立場を表現したことは、構築主義の大きな功績である。また、絶対他者（サバルタン）は、構築主義的発想の極限に現われることを論じよう。

第三章では、現象学を中心にして、近代哲学の成果を概観する。特に注目するのは、「認識論」である。ガブリエルは、ある時期に認識論の限界を悟って実在論に転向したが、現象学の観点からは、むしろ認識論の根本問題を最後まで解かなければ、観念論と実在論の論争を調停することはできない。唯名論と実念論、観念論と実在論、相対主義と独断主義の対立の本質は、認識論的にはすべて同じものなのだ。現象学の原理と方法を確認して、第四章への足がかりにしよう。

最後に、第四章では、以上の考察を踏まえて「現象学的言語ゲーム」というアイディアを提起する。これは、普遍性の実在を素朴に前提せずに、人間と社会の本質を検証しながら「合意」を創出していくための考え方だ。「文化の多様性」を尊重しつつ、しかし同時に、文化の違いを越えてある「人間の普遍性」を考察するためには、あえていったん相対的な立場に身を置いて、そこから普遍的なものの獲得を目指す以外に手がないことを、現象学は示してみせるだろう。そこで重要になるのは、〈普遍性〉をつくるための動機を確認することである。

端的に言えば、それは私たちの「幸福」と「自由」を、暴力、権力、そして資本の力にものを言わせて物事を決めようとするゲームから守るためである。しかし、ともすれば、幸福と自由はそもそもうまく噛み合わないものである、と思う人もいるかもしれない。自由であろうとすれば、現状に満足しないで先に進まなければならない。ところが、幸せを感じるためには、心が充《み》たされたいまの状態に満足しなければならない。幸福と自由は両立しない。むしろ、過剰な自由は生の疲労を生むのだから、自由を断念しなければ幸せにはなれない、と。

だが、本当にそうだろうか。

*

ニコラス・ケイジとティア・レオーニが主演を務めた映画『天使のくれた時間』（二〇〇〇）では、主人公のジャックが、空港で恋人のケイトに引き留められるのを振り切って、自らのキャリアのためにロンドンへ出発するシーンが物語の起点になっている。その後、離れ離れになった二人は別れてしまうが、どちらも仕事では大きく成功する。ジャックは金融会社の社長、ケイトは有能な弁護士である。

クリスマスイヴの夜、ジャックはひょんなことから、もしもあのまま二人の生活が続いていたら世界はどうなっていたのかを体験することになる。初めは困惑するジャックだったが、ケイトと二人の子どもと一緒に郊外の家で暮らす幸せを知って、元の生活に戻る気をなくす。お金や権力や地位とは別のもので、心が充たされてしまうのだ。しかし、そこでタイムオーバー。ジャックは現実世界の社長の地位に引き戻される。それでも、心は夢の世界の出来事を忘れることができない。

この不思議な物語が私たちの心を打つのは、ジャックがキャリアを犠牲にして得られる幸せに気づいたからではない。ジャックがケイトや子どもと過ごす幸せな時間を自分で選び取ろうとするからである。現実世界に引き戻されたジャックは、こんどは逆にパリに旅立とうとしているケイトに必死に呼びかける。自分がありありと体験した、天使のくれた幸せな時間の意味を何とか伝えようとする。普通の幸せを自由な意志によって選ぶこと——これが映画の中心テーマであり、その難しさを私たちはよく知っているからこそ、成長と自己実現に追い回される生活で心が疲れたときに、この映画を見たくなる。幸福と自由が和解する可能性については、終章で改めて考えることにしよう。

*

現代実在論は、ポストモダン思想とはまったく異なる、新しい哲学のディスクールを起動することに成功した。が、私の考えでは、構築主義に実在論を対置させるだけでは、新たな相対主義の呼び水になるだけである。近い将来、ポストモダン思想の現在の立場に現代実在論が置かれて、「新しい構築主義」が実在論を批判することは目に見えている。

現代の、そして未来の普遍論争を調停するために要請されるのは、相対主義にも独断主義にも陥ることのない哲学原理である。それが現象学の思考にほかならない。

目次

校閲 髙松完子
DTP ㈱ノムラ

第一章

新しい実在論の登場——普遍性は実在する

マルクス・ガブリエル（一九八〇—）は、ポストモダン思想の終焉を告げる。「新しい実在論」は、哲学がもう一度、人間の普遍性を語るための準備作業である。ヒューマニティーズ（人間の哲学）の復興には、それにふさわしい存在論が求められる。そうして、「意味の場の存在論」というユニークなアイディアが生まれることになる。

ガブリエルの判定では、ポストモダン思想は構築主義以外のなにものでもない。たとえば、ローティ、フーコー、ラカン、そして、これらの哲学をバックグラウンドにするジェンダー論やカルチュラルスタディーズの論者は、私たちが事実それ自体を認識できることを否定して、事実とは言語的実践や科学的分業を通して構築されたものである、と主張する。たとえば、「異常」

という概念には「正常」な者の視線が作用しているだろう。この論理をすべてに当てはめると、現実と虚構の区分は曖昧になり、世界とは人間の認知機構を反映したものでしかない、ということになるのだ。しかし、それは端的に間違っている。ガブリエルはそう考える。

注目したいのは、ポストモダン思想を超克しようとする動きが拡大して、「現代実在論」という大きな思潮を形成しつつあることだ。新しい実在論は、カンタン・メイヤスー（一九六七—）やグレアム・ハーマン（一九六八—）の「思弁的実在論」、チャールズ・テイラー（一九三一—）とヒューバート・ドレイファス（一九二九—二〇一七）の「多元的実在論」と協働して、人間は何らかの形で「物自体」を認識することができる、というテーゼを提起する。これはカント以後の哲学の前提をひっくり返すものである。

しかし同時に、ガブリエルの哲学は、「精神の自由」を擁護する点で、人間以後を哲学する現代実在論の諸派とは性格を異にする。十九世紀から二十世紀にかけて、キルケゴール、ニーチェ、サルトルなどの実存哲学者は、近代社会が獲得した自由の意味と、自由であるがゆえに直面する実存の問題を考え抜いた。その一つは、神の権威に対する素朴な信仰が揺らぎ、それまで信じられていた世界像が崩れてしまったとき、もしかしたら世界の一切は無意味かもしれない、という疑念に支配される「ニヒリズム」である。

では、二十一世紀に現われている新種のニヒリズムとは何か。ガブリエルによると、自然の秩序に還元可能なものだけに存在の資格を付与する自然主義が、現代のニヒリズムを出来《しゅったい》させる。

たとえば、心は何らかの観察可能な物質（脳）に還元されるという見方をとる脳科学や脳神経科学はこれにあたる。自由や道徳は人間の幻想にすぎず、一切は脳による因果的決定に従属しているのだろうか。

そこで提唱されるのが、「新しい実存主義」である。その中心にある問いは、人間とはいかなる存在か、である。カントやヘーゲルに代表されるドイツ観念論は「精神」の概念を重要視したが、ガブリエルはもう一度「精神の自由」を——しかし、観念論ではなく実在論の立場で——立て直す。したがって、新しい実存主義は現代のニヒリズムに対抗する自由の哲学であり、人間が人間自身を知るために書かれたマニフェストである、と言える。

ただし、実在論には大きな課題が残る。その課題とは、複数ある実在論の主張が「実在をめぐる論争」を引き起こし、しかもその内部には、深刻な信念対立を調停するための原理が見当たらないことである。現代実在論は構築主義への対抗思想以上の意味を持ちうるのか。言い換えれば、相対主義と独断主義の対立を根本的に克服した哲学と言えるのか。慎重に吟味していこう。

一　意味の場の存在論

新しい実在論とは何か

「新しい実在論」という名称は、二〇一一年の夏、イタリアのナポリで、ガブリエルがマウリツィオ・フェラーリス（一九五六―）と昼食をともにしているときに、フェラーリスによって発案されたものだと言われている。新しい実在論は、狭い意味では、ガブリエルの「意味の場の存在論」を指すが、より広い意味では、構築主義に反して、人間は事実それ自体を認識できるという主張に同意する多彩な哲学を含む。実際、ガブリエルが編集した『新しい実在論』（二〇一四）という論文集を見ると、フェラーリスをはじめとして、ジョスラン・ブノワ、アントン・フリードリヒ・コッホ、ポール・ボゴジアン（一九五七―）、ヒラリー・パトナムなどの名前を確認することができる。

ガブリエルのキャリアは、シェリング研究と古代ギリシアの懐疑主義の研究に始まる。ガブリエルは観念論（一般に、存在は認識に依存するという立場）によく慣れ親しんでおり、当初は観念論の立場でものを考えていたのだ。しかし、ポスドク（博士号取得後の研究員）としてニューヨーク大学に滞在しているとき、ボゴジアンとトマス・ネーゲル（一九三七―）の構築主義批判に触れて、彼らの洗練された実在論から多くのことを学ぶ。そこで、観念論から実在論への哲学的転回が起こるのである。

まずは、三つの理論を区別しておこう。形而上学的実在論（世界全体の究極の根拠を探究する学）、構築主義、新しい実在論である。新しい実在論の特徴は、先立つ二つの理論と対比することで明確になる。

形而上学的実在論は、「現われ」（人間に対して現われる物）と「実在」（人間の認識から独立してある物それ自体）を区別する。そのうえで、認識者への現われ以上のものとして、実在を措定《そてい》する。すなわち、形而上学における実在は、私たちがそれをどのように見ているのかとは無関係に存在する。この場合、実在論者であるか否かは、感覚、思考、意識などの認識装置から独立した実在を認めるかどうかによって、判断されることになるだろう。

それに対して、新しい実在論は、心や観点から独立した実在という考えを導入する必要はない、と主張する。すなわち、現われと実在という伝統的区分そのものを破棄するのだ。私たちは端的に物や事実をそれ自体として認識している、というのである。

たとえば、AとBが別々の場所から同一のリンゴを見ているとしよう。そのとき、AとBの認識作用とは無関係に、リンゴが存在することは疑えない。リンゴを見ることによって、リンゴが特定の場所に存在しているという事実が変化するわけではないからだ。ではここで、Aが見ているリンゴとBが見ているリンゴの現われは仮象《かしょう》なのだろうか（形而上学的実在論はそう考える）。新しい実在論によると、AもBもリンゴそれ自体のある側面を見ているのだから、リンゴの現われを仮象とみなすことはできない。リンゴそれ自体は存在する。と同時に、リンゴそれ自体がさまざまな仕方で現われる。このように考えるわけである。

すると、こうなる。事物が本当はいかにあるのか、ということと、私たちがそれをいかに表象するのか（私たちにそれがいかに与えられるのか）、ということのあいだに、明確な境界線を引くことはできない。そうした区分を想定することは可能だとしても、ここからここまでが実在で、この先は仮象にすぎない、とは言えないのである。「存在論的観点からは、現われ／実在の区別を通した議論は必要ではない。というのも、存在とは何を意味するのか、という問いに対する答えは、実在的な存在と、存在の何か別の形式のあいだの区別にまったく依拠しないからである」(Gabriel 2015, pp. 171–172)。

しかし、そもそも物や事実はそれ自体として存在するのだろうか。構築主義者はこの問いに否定的である。およそ私たちが認識するすべてのものは、認識されることで初めて、その何であるかが規定される。その外側を見ることはできないし、そこから逃れ出ることは不可能である。つまり、人間は人間の認識に閉じ込められている、ということだ。AとBの見ているリンゴが、じつはまったく異なるリンゴである可能性を消し去ることはできず、それぞれが見ているリンゴだけが存在している。これが構築主義の言い分である。

新しい実在論はこう反論する。構築主義は認識論と存在論を混同している。たしかに存在は言語によって語られるだろう。世界は言葉によって分節されており（さまざまな対象は名前で区別される)、しかもそこには、認識や概念の枠組み、社会の制度、科学の理論的前提、文化や歴史の背景などが反映されている。構築主義によれば、こうして事実は作られる。

だが、「存在」の本質(およそ何かが存在することの意味)と「認識」の本質(存在を認識することの意味)は異なる。というのも、世界には、誰にも見られることなく——人間だけではなく、いかなる認識者もいないところで——存在しているものがあるから。人間が観察しなければ、地球の核と地殻の中間にあるマントルは存在しないのだろうか。極限環境微生物は、この先も私たちが足を踏み入れることのない環境で存在し続ける。存在と認識は別ものなのである。

ところで、言語がなければ存在しないものもある。たとえば、言語についての理論がそうである。物語も言葉によって語られなければ、存在しないだろう。しかし、言語学や小説は人間の脳の内側にある虚構ではない。近い将来、知的なオランウータンが小説を読んで感動するかもしれない。人類が滅びた後、異星人が地球にやってきて、私の本棚に残されたソシュールの『一般言語学講義』から大きな着想を得るかもしれない。存在の意味を人間の認識や言語との相関性に限定してしまうのは、端的に言って、存在論として狭すぎるのだ。

『新しい実在論のマニフェスト』において、フェラーリスは「スリッパ実験」という興味深い思考実験を行なう(Ferraris 2014, pp. 28–31)。それはつぎのようなものである。

一人がカーペットの上にあるスリッパを見ていて、もう一人に「そのスリッパを取ってくれ」と頼む。この場合、二人の解釈、概念的スキーマ、脳のニューロンの構造の違いにかかわらず、意思の疎通はうまくいくだろう。もちろん、価値規範に関係する対象や領域については、二人の意見は食い違うかもしれない。しかし、スリッパに関して言えば、明らかにカーペットの上に実在するものであって、二人の認識がそれを産出するのではない。

「スリッパを取ってこい」と命令された犬の場合はどうだろうか。おそらく、命令された犬は、問題なくスリッパを取ってくるにちがいない。ただし、人間と犬の理解は異なっており、犬は「スリッパを取ってこい」という命令の真意を探ることをしない。それはどこまでも純粋な命令である（もしかしたら、その言葉は犬を馬鹿にするためのものかもしれない）。芋虫の場合はどうか。芋虫がスリッパを持ってくることはないが、触覚だけを頼りにして、スリッパを避けたり、よじ登ったりするだろう。人間や犬とは別の仕方でスリッパに出会っているのだ。ツタ（つる植物）についても考えてみよう。ツタもまたスリッパを迂回《うかい》したり、それに沿って登ったりする。だとすれば、ツタがスリッパに出会っていることも疑えそうにない。しかし、言うまでもなく、ツタは眼や概念的スキーマなど持っていない。

最後に、スリッパそれ自体である。スリッパはツタよりも無感覚であるが（感覚器官と呼べるものを持たない）、スリッパをスリッパに対して投げると、スリッパ同士がぶつかって、それらはある意味で出会っている、と言えそうだ。人間、犬、芋虫、ツタの場合と同じである。

さて、ここで重要なのは、いずれの場合でも、スリッパがカーペットの上に存在するという事実が動かしがたい、ということである。存在論的確実性を認識論的懐疑に置き換えてはならない。Xの存在とXの認識が同一ではないように、存在論と認識論は別物である。フェラーリスによれば、構築主義は二つのあいだの決定的な差異を見落としているのである。

実在論と多元主義を折衷する

新しい実在論は、形而上学的実在論と構築主義、双方の限界を指摘して、存在論の新しい地平を切り拓こうとする。存在を（人間の）認識に還元してはならない。このテーゼは、新しい実在論にとどまらず、現代実在論が広く共有するものである。

ガブリエルは、ポストモダン思想をこう分析する。

ポストモダンは、人類救済の壮大な約束——宗教から近代科学を経て、左右両翼にわたる全体主義のあまりに急進的な政治理念に至るまで——のすべてが反故《ほご》になってしまった後で、徹底的にはじめからやり直す試みでした。〔中略〕ポストモダンは、わたしたちにこう信じ込ませようとしたわけです。前史時代からずっと人類は巨大な集団幻覚の虜となっているのだ、と。そして形而上学こそが、その巨大な集団幻覚だとされました。（ガブリエル 二〇一八a、九頁）

ポストモダン思想＝構築主義は、形而上学が想定し、探求する「実在」を解体した。が、結局のところ、それは新しい物語を作り出すことで終わってしまった。人間は大きな物語にはまりこんでいるという物語である。このようなアイディアが蔓延すると、現実が現実であることの根拠は失われて、現実はいくらでも恣意的に操作可能である、と信じられるようになる。ところが実際には、人間が存在に影響を及ぼせる範囲は限定的であって、一切の現実が（人間的）構築物であるわけがない。

この世界は、観察者のいない世界でしかありえないわけではないし、観察者にとってだけの世界でしかありえないわけでもない。これが新しい実在論です。古い実在論、すなわち形而上学は、観察者のいない世界にしか関心を寄せませんでした。他方で構築主義は、成立していることがらの総体、すなわち世界を、それこそナルシシズム的にわたしたちの想像力に帰してしまいました。いずれの理論も、何にもなりません。（同書、十五―十六頁）

新しい実在論は、実在論と多元主義を共存させることで、形而上学的実在論と構築主義に比べて、より包括的な存在論を提起する。思い切って言えば、形而上学の実在論と構築主義の多元主義をうまく折衷しよう、ということである。新しい実在論は二つのテーゼから成る。

（一）　私たちは物や事実をそれ自体として認識できる（存在論的実在論）。

（二）物や事実は唯一の意味の場に属するわけではない。意味の場は無数に存在する（存在論的多元主義）。

こうして、ガブリエルは存在論の基礎理論を一新する。存在を「意味の場の性質」として捉え直し、意味の場の複数性を軸にした存在論を提唱するのだ。ところがそのとき、世界はどこにも存在しない、ということが判明する。一見すると消極的に思われるこの命題から、ガブリエルはいかなる積極的帰結を引き出していくのだろうか。順を追って、確認していこう。

存在神学について

ガブリエルは存在論と形而上学の同一視を「存在神学」と呼ぶ（Gabriel 2015, p. 138）。存在神学は、存在の意味の学である存在論を、あらゆる存在者を包摂する世界全体の究極の根拠を探究する形而上学に結びつける。ガブリエルの念頭には、アリストテレスやハイデッガーの存在論がある。

存在とは何かを考察する場合、個々の具体的な存在者を分析するだけでは不十分である。このことは、少し考えてみれば分かる。たとえば、猫のシェーラーという存在者を考察してみても、全身がもふもふしている、目が丸く耳は三角、ほぼ一日中寝ている、トイレの砂かけが苦手、金缶のまぐろが好き等々、シェーラーの特徴が分かるだけで、およそ何かが存在するという一般的事態の解明にはならない。

では、視野を拡げて、個的な存在者が含まれる類や領域の本質をつかむことができれば、存在の本性は明らかになるだろうか。それでも、存在一般の意味からはほど遠いにちがいない。たとえば、シェーラーを含む猫一般に妥当する本質は、猫の存在意味ではあっても（おそらく当の猫たちはそのような哲学者の試みをバカバカしいと思うだろうが）、存在一般の性質を規定するものではない。猫の存在と花火の存在は異なるし、花火の存在と自由の存在は異なる。世界にはさまざまな存在審級があるのだ。

そこで存在神学は、すべての存在者を構成する最小の要素、もしくは逆に、すべての存在者がそこに含まれる最大の包括者を発見しようとする。後者の論理にしたがえば、あらゆる存在者は「世界」に含まれるのだから、存在とは世界に属するための性質を意味することになるであろう。ここで存在は、全体としての世界との関係において考察されている。

こうして、存在論と形而上学は同一視される。ハイデッガーは形而上学の根本問題をこう規定する。「『なぜ一体、存在者があるのか、そして、むしろ無があるのでないのか？』と問う場合、われわれはどうしても『存在はどうなっているのか？』という先行する問いを問わざるをえなくなる」（ハイデッガー 一九九四、六十二頁）。存在論の歴史において、形而上学の問いと存在論の問いは不可分に絡み合ってきたのである。

ところが、ガブリエルによると、「形而上学は実際には何も語っておらず、それが指示する対象や領域は存在しない」(Gabriel 2015, p.7)。このような見方は「メタ形而上学的ニヒリズム(meta-metaphysical nihilism)」と呼ばれる。つまり、形而上学の対象(＝世界)を無化する主張である。

世界とは何の内実をも持たない幻想であり、知ってのとおり、それは人間の心に広がった星雲なのだ。私自身の考えはメタ形而上学的ニヒリズム、すなわち消去という一つのヴァージョンであるが、しかし他のすべての領域とその対象を完全にそのままの形で残すものである。私は、世界の存在は幻想である、と主張するだけで、他の領域が存在しない、とは言っていないし、ましてや無数の対象については言うまでもない。(ibid., p.145)

形而上学は、思弁的推論だけを頼りに、経験可能な諸々の対象の限界を突破して、世界とそこに含まれるすべての存在者の存在の意味を把握しようとする。この試みは、(一)現われと実在を区別して、現われの背後にあるはずの実在を探究する、(二)全体としての世界を想定して、世界の究極の根拠を探究する、という二つの特徴を持つ。形而上学において、すべての存在者は世界という同一の領域で語られるが、そこで問題になるのは、すべての存在者を同じように規定して、全体を一つにまとめあげる実体や法則である。最も分かりやすい例は、世界を無限に超越する高みから、あらゆる存在者に存在することの意味を与える「神」である。ハイデッガーにおける「存在」もちょうど同じような役割を果たしている。

形而上学に対しては、哲学史において、さまざまな批判が寄せられてきた。たとえば、イギリス経験論は、知識の確実な基礎を「経験」に求める。唯一もしくは複数の実体が経験から独立して存在することは確かめようがない。そのように思わせる原因は経験のなかにあるのだから、学問は経験から出発しなければならない。この原則を破った瞬間、その理説は検証不可能な独断論に陥るとして、形而上学を批判するのである。

しかし、ガブリエルのメタ形而上学的ニヒリズムの立場では、経験主義も危うい一面を持っている。経験主義者は世界を経験という唯一の領域に還元するが、そのような特権的な場は初めから存在しない。さらに言えば、世界という対象も存在しない。存在しないものが、経験的に解明されることはありえない。経験主義といえども、知らず知らずのうちに形而上学的全体性を前提して語っている可能性があるのだ。また、ガブリエルは、「本質の本質は存在しない。すなわち、すべての対象がある本質を共有するということを一般に成立させるものは、存在しない」(ibid., p. 50)として、経験主義が批判する「本質主義」にも反対する。

つまり、こうだ。ガブリエルが拒否するのは、「特権性」と「全体性」である。すべてを説明するための特権的な方法は存在しない。また、すべてを包摂する単一の領域はありえない。形而上学であろうと経験主義であろうと、構築主義であろうと本質主義であろうと、存在者全体を特権的な視点で語ることはできない。そうして、ガブリエルは存在論を形而上学から切り離す。

「意味の場」で「存在」を考える

新しい実在論の「存在」概念を説明しよう。ガブリエルは「意味の場」によって存在を考える（＝意味の場の存在論）。意味の場は存在論の基本単位として設定されているが、簡単に言えば、それは何かがそこに現象してくるフィールドのことである。そうすると、意味の場と存在の関係はこうなるだろう。何かが存在するとは、それが特定の意味の場に現われることである、と。

意味の場とは、何らかのもの、つまりもろもろの特定の対象が、何らかの特定の仕方で現象してくる領域です。これにたいして対象領域においては——集合においてはなおさらのこと——まさにこの点が捨象されます。二つの意味の場が同じ対象に関わることもありえますが、そのさい当の対象は、二つの意味の場それぞれで異なった仕方で現象するほかありません。（ガブリエル 二〇一八a、百二頁）

対象は必ず特定の意味の場に現象する。政治という意味の場には、政治家、政策、選挙、賄賂などの対象が現われるし、レストランという意味の場には、ウェイター、ステーキ、グリーストラップ、プロポーズなどの対象が現われる。さらには、意味の場それ自身も、一つの対象として他の意味の場に現われる。国会という意味の場は、一つの対象として政治という意味の場に現われる。厨房という意味の場は、レストランという意味の場に現われる一つの対象でもある。

ここで注意すべきは、対象と意味の場の連関は一つに限定されない、ということだ。たとえば、水は自然科学ではH_2Oとして存在するが、砂漠では貴重な飲み物である。サウナの後には身体を冷やすための水風呂になり、ゲームの世界では魔物の属性となる。これらすべての意味の場に水は存在しており、その際、それぞれの場の力学によって、水は特定の意味を帯びることになる。つまり、「意味」とは対象の現象の仕方のことなのだ。

ところで、先の引用で、ガブリエルは「意味の場」と「対象領域」を区別している。対象領域の代わりに意味の場を用いるのには、大きく二つの理由がある。

（一）　集合論で論じられる対象領域は、数えられる対象だけを含む。個々の対象に備わっている質や意味は問題にならない。集合論は量的対象しか扱わない。

（二）　構築主義によれば、対象領域は社会的コミュニケーションや科学的分業を通して形成される。構築主義の対象領域は客観的に存在しない。

ガブリエルは、対象の「意味」と場の「客観性」を強調するために、「意味の場」という概念を使用する。無数の意味の場が客観的に存在していて、そこにさまざまな対象が現われる。対象は特定の意味の場に現象することで、何かしらの意味を帯びたものになるが、意味の場は、認識作用とは無関係に、客観的な仕方で存立している。磁場や電場が多くの対象に影響するように、意味の場も客観的な力を持って存在する、というのである。だから、人間が見ているか見ていないかは、存在にとってはさして重要な契機にならない。

存在とは意味の場に現われることである。存在することは、意味の場に客観的に現われることであり、意味の場において、現われることの関係〔＝意味の場と存在の関係〕は、一般的に、それを把握するための人間的なあまりに人間的な狭い（local）条件によっては少しも制限されない。現われることはまったく人間的ではないのだ。（Gabriel 2015, p. 166. 以下、特に断りのない場合、〔 〕内は筆者による補足）

意味の場に何かが現われている。このことが存在の本義なのだから、対象の認識を可能にする条件が、対象と意味の場の関係に先立つわけではない。言い換えれば、認識論の解明が先にあって、それから存在の本性が明らかになるのではない。むしろ、存在と認識は別々に考えられるべきであり、存在は「意味の場の性質」として広く捉えられなければならない。そうして、ガブリエルは、存在論を認識論からも切り離すのだ。

存在は、対象が世界に属するために持っている性質（形而上学的性質）でもないし、対象が対象であるために持っている性質（論理的性質）でもない。意味の場の存在論は、存在を「意味の場の性質」とすることで、存在を（人間的）認識から解放する。この意味で、新しい実在論は、ポスト・ヒューマニティーズの哲学と存在の見方を部分的には共有している（しかし、ガブリエルが真に目指すのは、ヒューマニティーズの復興である）。

さて、つぎのことが重要だ。何らかのものが前に出て際立つための背景が意味の場だとすれば、いかなる対象も意味の場という特定のコンテクストにおいてその意味を獲得する。逆に言えば、コンテクストから完全に自由であることはできない。同様のことは意味の場それ自身にも当てはまる。いかなる意味の場であっても、それが対象となるときには、必ず特定の意味の場に現われるのだから、すべての存在をそこに還元できる唯一の意味の場は存在しない。

たとえば、恋愛の告白という対象は、映画のワンシーンや、放課後の教室や、ＬＩＮＥのやりとりのなかに現われる。当たり前だが、どこでもないところで告白することはできない。それでは、映画、放課後の教室、ＬＩＮＥのやりとりという意味の場は、コンテクストから自由なのかといえば、まったくそんなことはない。放課後の教室は、学校や恋愛シミュレーションゲームという意味の場に現われるからである。したがって、すべては必ずどこかに現われる、と言えるのだ。

ガブリエルによる要約を置いておこう（ibid., p. 188）。

（一）存在することは、意味の場に現われることである。
（二）何であれ対象があれば、それは意味の場に現われる。
（三）複数の意味の場が存在する。

（四）　意味の場がそのうちに現われる意味の場が存在する。

なぜ世界は存在しないのか

世界は存在しない。驚くべき命題だが、これは文字通りに受け取られねばならない。「世界はこれまでも存在していなかったし、いまも存在していないし、これから存在することもない。世界の存在など問題外なのである」（Gabriel 2015, p. 153）。

注意したいのは、ガブリエルはすべての存在者を包摂する全体としての世界（だけ）を否定している、という点である。実際には、私たちは「世界」という言葉をさまざまに使用するだろう。内的世界、物語の世界、猫の世界、生物学の世界、イデアの世界――「世界」という言葉で、実存的な内面性（〈私〉だけに生きられる世界）や存在論的な領域性（あることがらに関連する諸対象を包摂する領域）を指示することは可能である。しかし、これらの世界は存在論的に限定された領域なのだから、ここでは問題にならない。

あらゆる領域の領域である世界、すなわち、あらゆる意味の場を統合する意味の場は存在しない。これがガブリエルのいう世界の非存在の意味である。存在の全体、対象の全体、存在者の全体、事実や事態の全体――いかなる全体性も存在しない、というのだ。しかし、なぜそんなことが言えるのだろうか。

ガブリエルはいくつかの方法で世界の非存在を論証しているが、そのうちの一つはこうである。先に示した四項目の要約を参照しつつ、見てほしい。

(一) 対象は必ず特定の意味の場に現われる。
(二) 世界はすべての意味の場の意味の場である。すなわち、世界以外のすべての意味の場を包摂する意味の場である。
(三) 世界が存在するならば、世界は一つの対象として特定の意味の場に現われる。
(四) 世界が現われている意味の場を包摂する、より高次の意味の場が存在する。というのも、世界はすべての意味の場の意味の場であり、世界が現われている意味の場を包摂するメタ世界が存在することになるから。
(五) この包摂関係は無限に続く。したがって、世界は存在しない。

これは形式的論証だが、世界の非存在命題によってガブリエルが言わんとするのは、すべての意味の場を統一する領域や法則は存在しない、ということだ。したがって、世界が存在しないという指摘は、世界の批判というより世界像の批判だと言える。ガブリエルは世界を無化することで形而上学を牽制《けんせい》するが、それは、形而上学的野望を隠し持った——世界の全体を想定しておいて、その本質を規定しようとする——あらゆる形態の独断論を批判するためなのである。

ハイデッガーによると、近代の本質は「世界像」という概念のうちにある。世界が一つの像となるためには、人間が世界を自らの前に置いて対象化し、世界を像として捉えようとしなければならない。ところが、近代以前にそのような契機はない。というのも、近代以前においては、存在は世界の側から与えられるものであって、人間はそれを引き受けることしかできなかったからである。存在するもの全体が一つの体系的な世界像となるには、世界を知的に征服しようとする（近代的）人間の意志が必要なのだ。

近世の根本的な出来事は、像《ビルト》として世界を征服してゆくことです。〔中略〕この形像において人間は、すべての存在するものに尺度を与え且つ準縄《じゅんじょう》を引く〔＝規準を示す〕ような、そのような存在するものでありうるための地位を目ざして闘うのです。ところでこのような地位が、世界観として確保され、組織づけられ、表現されるので、存在するものに対する近代的な関係は、その展開の極致においては、世界観相互の対決となって現われてきます。それも任意の世界観相互の対決というのではなくて、すでに尖鋭化されている人間の根本的地位を、さらに極点まで引張ってゆくような、そのような世界観相互の対決となって現われるのです。（ハイデッガー　一九六二、三十七―三十八頁）

世界像は世界に存在するすべてのものを統一する。それは単なる中立的イメージにとどまらず、世界をいかに見る（べきな）のかを表わす「世界観」にまで高められるだろう。しかし、複数の世界観は相互に対立せざるをえない。カトリックの世界観とプロテスタントの世界観、宗教の世界観と自然科学の世界観、資本主義の世界観とマルクス主義の世界観、いずれも近代史のなかで激しく衝突し、少なくない人びとが世界観抗争の犠牲になってきた。

ここで、もし世界が存在しないとしたら、どうなるだろうか。いずれの世界観も、本来存在しないはずの対象について、組織的で体系的な認識をでっちあげている、ということになるだろう。世界は存在しない。ならば、唯一無二の世界像や世界観だって存在しえない。どのような世界観であっても、必ず特定の意味の場に現われているのだから、世界それ自体に的中することはない。ましてや絶対に正しい世界観というものは、論理的にありえないのである。

とはいえ、意味の場の存在論は、世界を除いたすべての存在を認める哲学でもある。リンゴ、猫、魔女、ユニコーン、座敷童《わらし》、素粒子、日本、自由、道徳――これらの対象はたしかに存在する。しかし、これらを論じるときに重要なのは、対象が現われている意味の場を明らかにすることである。

たとえば、魔女は『白雪姫』の物語には存在するが、横浜の青葉区には存在しないだろう。魔女は存在するのかしないのか。この問いを考えるためにまず必要なのは、どのような意味の場を問題にするのかを明示することである。『白雪姫』に魔女が存在することは疑えない。しかし、だからといって、魔女が青葉区に存在することにはならない。意味の場が変化すれば、存在のありようも変化する。言われてみれば当たり前のことだが、意味の場の存在論を用いると、さまざまな存在のカテゴリーを整理することができそうだ。

もちろん、ガブリエルは、意味の場を巧妙に操作することによって、すべてを事実にすることができる、と言っているわけではない。私たちは対象を間違った意味の場に位置づけてしまうこともある。さらには、客観的だと信じられていた意味の場が、じつは単なる思い込みにすぎなかった、と判明することもあるはずだ。人間は魔女の存在を史実として語っていたことがあるし、自然科学でも天動説は地動説に取って代わられた。

互いに区別される意味の場が無数に存在する。それらは人間の認識とは無関係にあるが、私たちは意味の場を調べて、その性質を知ることができる。加えて、ある意味の場を共有して、それについての認識をより豊かにしていくことができる。たとえば、経験的学問の大きな役割は、意味の場とそこに含まれている対象を調査して、学問的事実を確定することにある。そのような学問の成果は「事実」として社会で広く共有されるだろう。つまり、学問は未知の意味の場を明らかにしている、と言えるのだ。

事実は解釈の多義性とは無関係に存在しており、私たちは事実それ自体を認識することができる。たしかに人間の見方は誤りうる。が、その誤りを訂正することは、事実が存在するからこそ可能になっている。解釈は、それが事実に関与している限りにおいて、有意義なものとなるにすぎない。私たちは普遍的な意味の場の在処《ありか》を見つけていける。普遍性は実在するからだ。

ではしかし、人間はいかなる種類の意味の場を必要とするのだろうか。自然科学、民主主義、芸術、道徳、自由——無数の意味の場から、人間は人間にふさわしい意味の場を選択できるだろうか。そもそも人間という意味の場は、いかなる性質のものなのか。人間は事物や動物とそれほど変わらない存在なのか。それとも、何かユニークな特性を持つのだろうか。こうして出てくる哲学が「新しい実存主義」にほかならない。

二　新しい実存主義

宇宙は世界よりも小さい——自然主義とニヒリズム

「宇宙」は広大だが、そのじつ「世界」よりも小さい。ガブリエルは、多くの論文や著作でこの議論をしているが、その核心にあるのは自然主義批判である。自然主義は、一切は自然の秩序に還元される、と主張することで、自然科学（物理学）で探究可能な対象のみに存在者の資格を付与する。逆に言えば、自然主義の立場では、自然科学で探究されないものは、仮象や虚構にすぎない。それらは端的に存在し*ない*のである。

ところで、宇宙とは何か。ガブリエルは、つぎのように規定する。

宇宙とは、何よりも、自然科学の方法にしたがって実験によって研究することのできるすべてのものが現われる場にほかなりません。〔中略〕宇宙は、物理学の対象領域ないし研究領域にほかならない以上、けっしてすべてではない、と。ほかのあらゆる科学と同じく、物理学にも、自らの研究対象でないものはいっさい見えません。だから宇宙は、世界全体よりも小さい。宇宙は全体の一部分にすぎないのであって、全体そのものではありません。(ガブリエル 二〇一八a、四十二頁)

宇宙は物理学の意味の場である。それは存在論的な限定領域であって、宇宙にすべての対象が含まれるわけではない。にもかかわらず、自然主義者は宇宙に存在しないものを認めようとしない。自然主義は可能な限りの対象を宇宙という意味の場に還元しようとするからである。

ここには正しくない観念が二つある。(一)全体としての宇宙、(二)特権的な方法としての物理学、である。

これまで確認してきたように、すべての意味の場の意味の場(=世界)は存在しないし、特定の意味の場が特権的であることはできない。意外に思われるかもしれないが、自然科学も例外ではないのだ。たとえば、観察することができる対象の性質について、数学的な相関性を取りだそうとすれば、観察できない対象もしくは量化できない性質は捨象せざるをえない。そのような対象が現われる意味の場が、自然科学で扱われることはない。

存在するものはすべて、宇宙を貫く物理法則を共有する。これは一つの形而上学的な仮説であって、この仮説自体を実証的に論証することはできない。つまり、自然主義は形而上学の変種にほかならない。

もちろん、ガブリエルは、自然科学の成果を否定してはいない。現代社会は自然科学の高度な知見と科学技術を基礎にする。もしかすると、自然科学者の方が、自然科学の仕事が依拠するコンテクストには自覚的かもしれない。自然主義は自然科学そのものとは区別される哲学的（存在論的）主張であり、自然科学の客観性を全体化する「イデオロギー」とでも言うべきものなのである。

意味の場の存在論は、世界の非存在と意味の場の複数性によって、自然主義というイデオロギーを相対化する。しかし、ガブリエルが自然主義を徹底的に批判するのは、それが自身の考えに反するからではない。むしろ決定的なのは、現代のニヒリズムに連なるからである。

ニヒリズムとは何か。それは「世界の一切は無意味である」という主張のことである。たとえば、ニヒリストの典型は、『旧約聖書』にある「コヘレトの言葉（Ecclesiastes）」のなかに登場する。

なんという空しさ、
なんという空しさ、すべては空しい。
太陽の下、人は労苦するが
すべての労苦も何になろう。

一代過ぎればまた一代が起こり
永遠に耐えるのは大地。
日は昇り、日は沈み
あえぎもどり、また昇る。(「コヘレトの言葉」一章二―五節)

エルサレムの王ダビデの息子は、天の下で起こることすべてを知ろうと欲して、知恵を極める。しかし、結局、一切は空しいことを悟る。人は一回限りの生を生きて、どこかの時点で息を引き取る。これが繰り返されるだけではないか。快楽も労苦も知識も善悪も何にもならない。生きることに特別な意味はなく、世界では昔から似たようなことが繰り返されている。それは無意味なことの終わりなき反復でしかない。そうしてニヒリストは、もしかしたら一切は無意味かもしれないという疑念に憑《つ》かれて、既存の意味(宗教や伝統的権威)を積極的に無化しようとする。つまり、ニヒリズムとは意味喪失の経験なのである。

それでは、どうして自然主義はニヒリズムに帰着するのだろうか。一見すると、すべてを物質的因果性によって規定することと、意味が無化される——もしくは、意味を積極的に無化する——ことに、直接的な関係はないように思われる。この点について、ガブリエルはこう説明している。

あらゆる生命と意味を宇宙のなかの何らかの地点に位置づけることにすると、人生の意味は、すっかり縮減されて、いわば何らかひとかどのものだと自惚《うぬぼ》れた蟻《あり》の幻想であることになってしまいます。わたしたちは、ほかでもない自らの生存への利害関心ゆえに自分自身を特別視していて、人間とその生活世界とを何か特別なもののように考える傲慢な幻想にふけっているにすぎない。宇宙から眺めてみれば、そんなふうに見えることでしょう。（ガブリエル 二〇一八a、四十三頁）

宇宙から見れば、人間は物質の寄せ集めにすぎない。すると、精神の自由や人生の意味は存在論的に消去されることになる。それらは、それぞれの頭のなかにある幻想で、何らかのニューロンの結合様式に還元されてしまうからだ。物理的因果系列のみが存在していて、人間の思考と行為がその系列の一部だとしたら、そこに自由が入りこむ隙間は存在しない。自然主義がニヒリズムを呼ぶのは、こういうわけである。

たしかに、人間の身体が物質で構成されているのは、紛れもない事実である。それぞれの個体は死の運命にあるし、人類全体も、たとえば遠い未来に太陽が消滅すれば、地球もろとも完全に消え去るほかない。だとしても、存在論を自然主義に明け渡してはならない。なぜなら、自然主義は端的に間違っているから。宇宙は世界よりも小さい。そして、世界は存在しない。自然主義は、すべての存在者をメタレベルで統合する世界全体を前提しておいて、しかもそれを探究する唯一の方法は自然科学であるとする、独断的形而上学以外の何ものでもない。

ここで新しい実在論は、人間の尊厳を基礎とするヒューマニズムへと展開する。「新しい実存主義」である。未来のどこかの時点で人類が消滅することと、精神の自由（人間の尊厳）はまったく別の問題である。人間は自らの意志に基づいて、自己決定できる自由な存在である、とガブリエルは言う。このことが正しいとすれば、私たちは自分で生の意味を選択して、無数の意味の場を渡り歩いていける。いつの日か無化される運命にあるとしても、いやそうであるからこそ、ニヒリズムを引き受けようとする精神の自由の意味が、よりいっそう際立ってくるのだ。

しかし、自然主義者は、その自己決定も究極的には脳による因果的決定である、と反論するにちがいない。すなわち、ある人の自己決定は、つまるところ、その人の脳に存在するニューロン間の電気的信号に還元される、と。この言い分は一定の説得力を持つ。「私」と脳は同一である、「私」の本質は脳である――。

「私」は脳なのか――デネットの自然主義

自然主義の主張を確認したい。手がかりにするのは、ダニエル・デネット（一九四二―）の『解明される意識』（一九九一）である。すでに古典とも言える著作だが、新しい実存主義が批判する唯物論的見解が見事に表明されている。デネットによれば、意識は脳に還元することができる。しかし、まずはその前提となる議論を見ていこう。

私たちは、心、意識、魂、精神などの概念で、（物理的）身体とは区別される何らかの対象を指示する。知覚、推論、判断、思考、思念、意志、情動、感情、価値観、自己意識といった心的語彙は、心の状態を広く表現するためのものである。心はいわば多彩な現象の「座」なのだ。

よく知られているように、デカルトは、「思惟《しい》」（何かについて考えること）をその本質とする精神と「延長」（空間の一部を占めること）をその本質とする身体（物体）を、別々の実体として考えて、「心身二元論」を提起した。身体が物理的に分割可能なものであるのに対して、精神は分割不可能な一なるものである。したがって、世界は二つの実体から構成されている、というのだ。

二つの異なる実体がいかにして互いに関係しうるのか、という難問に関しては、心と身体の相互作用説、心は身体の随伴現象説、心と身体の平行関係説など、いくつかのやり方で説明がなされてきた。ひとまず、ここで押さえておきたいのは、デカルトがこの問題を心と脳の関係で考えることである。「精神はすべての身体の部分から直接に影響されるのではなく、ただ脳から、あるいはおそらく脳のごく小さな部分から、すなわちそこに共通感覚があると言われている部分からのみ、直接影響される」（デカルト 二〇〇六、百二十八—百二十九頁）。

デカルトは肉体に対する精神の優位——あるいは、肉体からの精神の独立——を信じていたが、精神は脳に直接影響されるというデカルトのテーゼが、その後、神経科学や脳科学の発展によって（部分的に）実証されるようになると、当初のデカルトの枠組みは反転する。すなわち、精神こそが脳に還元されるのであり、精神に対する物（質）の優位が主張されるのだ。大雑把に言えば、ある心の状態に対応する脳の状態が存在するので、心の状態は脳の状態に等しい（＝心脳同一説）という見方である。こうした考えは、科学的合理性が主導権を握る現代で、ますます説得力を持つのではないだろうか。

デネットは、『解明される意識』において、つぎのように述べている。

以下に続くもろもろの章で、私は意識の何たるかを説明してみたい。より正確に言えば、意識という現象がすべて脳の活動の物理的結果だと言われる次第や、脳の活動が進化をとげた様子や、脳の活動［意識と言われる現象］がみずからの力や特性について錯覚を生み出してしまうときの有様などを示すことによって、私たちが意識と呼んでいるものを構成しているもろもろの多様な現象を説明しようと思うのである。自分の心とは自分の脳のことだなどということがいったいどうして成り立つのか、たしかにこれを考えてみるのはむずかしいことではあるが、不可能なことではない。（デネット 一九九八、三十頁。［ ］内は原文）

自然主義のマニフェストである。意識に与えられるさまざまな現象を脳の活動に還元することで、意識の神秘を解明してみせよう。心と脳が同一であることを証明するのは、簡単ではないが不可能な課題ではない。デネットが明らかにするのは、もちろん意識と脳の関係の一部分でしかないが、その主要な目的は、自然主義的考察の具体的な手続き、言い換えれば、自然主義の指針を示すことにある。その原則は三つある（同書、五十九頁）。

（一）〈いかなる魔法のヴェールも認めないこと〉：人間の意識の一切を現代物理学の範囲内で説明する。

（二）〈感覚麻痺を装わないこと〉：意識体験の事実を黙殺しない。

（三）〈経験主義の細部にとらわれないこと〉：経験的事実の妥当性の細かな議論ではなく、理論的スケッチをする。

意識を物理学の知見の範囲内で説明するためには、まず最初に意識体験のさまざまな事実を特定する必要があるだろう。ところが、意識体験で起きていることを記述するためには、意識を直接反省する他に手がない。〈私〉の意識で何が起こっているのかを観察できるのは、〈私〉だけであり、意識体験そのものを外部から観察することはできないからである。そこでデネットは「現象学」に注目する。

現象学の原理は第三章で詳述するが、さしあたりここでは、一人称の視点で体験を記述するための方法が現象学である、と考えておこう。しかし、デネットはフッサール現象学をそのまま用いるわけではない。現象学を「自然主義化＝三人称化」するのだ。これは「ヘテロ現象学」と呼ばれる。

デネットの現象学解釈の妥当性は不問に付すことにして、ヘテロ現象学の特徴を見ていこう。それが目指すのは意識の出来事を客観的に確定することである。

ヘテロ現象学者は、（みずから解釈を重ねながらも）その先は問わずに、被験者のテキストが被験者の〈ヘテロ現象学の世界〉を〈構成〉していくのを、つまりはテキストが専断的に一つの世界を決定していくのを、黙って受け入れる。ここからヘテロ現象学者には、その（フィクションの）世界と現実の世界の関係はどのようなものなのかという込み入った問題はすべて棚上げにしておくことが可能になる。（同書、百四頁）

自らの内的世界を告白する被験者の語りがテキストになることで、被験者の内的世界は客観的なものとなる。というのも、そのテキストは、第三者に対して開かれているからである。ヘテロ現象学者は、これをそのままの形で受け取る。その際、語りの世界が現実の世界と一致しているかどうかは問題ではない。被験者の世界観をそういう世界観として客観的に眺めることが重要である。認識論的観点からは、ヘテロ現象学の主張は素朴と言わざるをえないが、ともあれ、意識の出来事についての客観的なカタログを作成しておいて、その品目に対応する脳の活動を特定しようというのが、デネットの主張の要諦である。

そうしてデネットは、外的世界の体験、内的世界の体験、情動体験の三つの契機を意識の事実として取りだす。それから、「多元的草稿モデル」に基づく認知科学、脳に関する進化生物学、脳内の複製可能な情報媒体としての「ミーム」などの概念を利用して、三つの契機を具体的に分析する。その詳細についてこれ以上論じることはしないが、覚えておくべきなのは、自然主義では心と脳が同一視されて、意識体験の一切が脳の活動によって説明される、という点である。

心を脳に還元してみると、そこからいくつかの興味深い仮説を引き出すことができる。たとえば、脳を人工的に再現することができれば、心は創られるのではないか。脳を完全に保存しておけば、未来のどこかで同一人格の人間を再生できるのではないか。脳の進化の秘密を隈なく明らかにすれば、人間が心を持つようになった理由が分かるのではないか……。

だが、「私」は脳なのだろうか。久しぶりに見た故郷の情景や、歯を食いしばって乗り越えた困難や、大切な人を亡くしたかなしみや、友人と過ごす心地よい時間や、眠れない夜に猫がそばで熟睡しているのを見たときに感じた愛らしさのすべてを、単に脳の活動とみなしてよいのか。これらは脳が見た映像にすぎないのか。もしそうだとしたら、人間の自由は壮大なフィクションにすぎないことになる。そのとき、自由は因果の一部でしかないのだから。

世界は脳によって構築されており、現実とは、脳が作りあげた、いわば「シミュレーション」にすぎない（＝神経中心主義）。このような現代の自然主義による主張は、意味の場の存在論の図式と相容れない。脳という意味の場にすべての存在者が還元されることはないし、そもそも単一の世界は存在しないからだ。ガブリエルの立場では、神経中心主義は存在論的に間違っていることになる。

ここで私は、もう一つ別の反論を置いてみよう。それは構築主義一般への批判である。およそ存在するものすべての構築を論証する場合、構築主義の命題それ自体は構築されたものでない、ということを示さねばならない。しかし、これは難しい、ほとんど不可能な課題である。たとえば、現実は脳によって構築されているという命題は、この命題が現実の一部をなす限り、それ自体も構築の影響を免れない。さらには、脳とは何であるかについての私たちの認識も構築されていることになるだろう。脳だけが特権的であることはできないのだ。

ガブリエルは、自然的なものには還元されない――物質的なものに変換できない――心の領域を統一する構造を「精神」（Geist）と呼ぶ。哲学的には、さまざまな意味を含む概念だが、ガブリエルのキーワードは、「人間」、「自由」、「道徳」の三つである。これらは相互に深く関係している。結論だけを端的に述べると、人間は道徳的事実を知ることができる自由な存在である。そして、このことを可能にするのが精神である。以下、順に説明しよう。

まず、意味の場の存在論にしたがえば、心に対応する一つの実在は存在しない。意味の場は無数に存在するのだから、心は多様な意味の場に現象する。たとえば、神経中心主義を主張する論者は、自然科学の領域に現われる心を見ているはずだ。フロイト理論を支持する精神科医であれば、心的機制の根本原因を無意識のリビドー（性的なエネルギー）の働きに帰するかもしれない。心は、それが現象する意味の場の性格に応じて、その意味を獲得するのである。

したがって、より正確に言えば、精神の一部は宇宙に含まれる。なぜなら、自然科学においても心は扱われるからであり、心と脳の因果性についての自然主義的考察でさえも、心のある側面を明らかにしている、と言えるからである。「人間の心については、あるタイプの脳が人間の心の──十分条件でこそないものの──自然な必要条件だと考えるという意味で、私は生物学的自然主義者だといっていい」（ガブリエル 二〇二〇、三十二頁）。

ではしかし、なぜ人間はさまざまな意味の場に心という対象を見るのだろうか。別の観点から言えば、人間には心があると信じる理由とは何か。ガブリエルによると、「その理由は、いずれの現象も、純粋に物理的な世界や動物界のほかのメンバーから、人間が自分を区別しようとする試みに由来していることにある。そうした試みのなかで、心をもつ生き物というわれわれの自画像は形づくられてきた」（同書、十六頁）。すなわち、人間を他の存在者から区別するためのメルクマールが「精神」である、ということである。

人間は無生物と生物がひしめきあう世界にただ存在しているわけではない。人間の精神は、自らを対象化して、自分自身が何者であるのかを、より広いコンテクストで捉える。マックス・シェーラーの有名な本のタイトルを借りるならば、「宇宙における人間の地位」を考えざるをえない(唯一の)生き物なのだ。その痕跡が多くの意味の場に残されていて、それらの一つ一つが心のある側面を映し出している、とガブリエルは考える。

もちろん、だからといって、人間だけが特権的であることにはならず、他の動物種を乱暴に扱うことは許されない。人間の尊厳は内面的な、それ自体としてある絶対的な価値に基づいており、他の動物との比較において獲得される相対的な価値によって計られるものではないからである(ガブリエル 二〇一九、三百三十頁)。ガブリエルの人間観は、限りなくカントのそれに近いのだ。

ガブリエルは、精神の能力をつぎのように説明する。

〔精神とは〕人とのまじわりのなかで、行為やそれについての説明が大きな文脈のなかにどう収まるかをイメージし、そのイメージに照らしあわせて制度を構築する能力だ。人間は、いかなる状況においてもいまいる位置を超え出て、ものごとの連関という、より大きな地図のなかに自分を絶えず置きなおす。われわれは、ほかの人びとがべつの前提のもとに生きていることを踏まえて、自分の人生を生きている。だからこそわれわれは、同類であるほかの人間がわれわれをどう見つめ、現実をどうとらえているかに関心を寄せるのである。(ガブ

リエル 二〇二〇、七十頁）

〈私〉の存在は、隅から隅まで物質的に規定されているわけではなく、〈私〉が自分自身をいかにイメージするのかに左右される。身体の物質的組成は同一でも、自分を善き人とみなす場合と、罪深き人とみなす場合では、存在の仕方が根本的に異なる。それどころか、その自己イメージは実践的行為にも大きな影響を与えるはずだ。（逆に、リンゴの存在は、リンゴに対する人間のイメージに左右されない。）たとえば、自分を市民社会の一員としてイメージすることがなければ、選挙の投票には行かないだろう。

しかし、その一方で、脳と心のあいだに、ある連関が存在することは動かしがたい。脳がなければ、知覚や思考は――少なくとも私たちがふつう体験する形では――存在しない。心を脳に還元することはできないとしても、脳がなければ心は存在しえない。脳は心が存在するための条件なのである。

これは「条件主義」と呼ばれる。条件主義は、脳と心の関係を、所与の状況における複数の必要条件と、それらが組み合わさることによって成立する十分条件によって考える。すると、たしかに脳は心の必要条件ではあるが、それだけでは心の十分条件にはならない、ということが明確になる。

ガブリエルの巧みな例を借りて説明しよう。脳と心の関係は、自転車とサイクリングの関係のようなものである。自転車がなければサイクリングはできない。が、自転車とサイクリングは同一ではない。サイクリングが行なわれるためには、「今日は晴れていて気持ちがよい」、「先日の健康診断の結果が悪かったので、運動しないといけない」、「環境問題に興味が出てきたので、車の使用を控えよう」という動機、つまり、自転車以外の理由が必要になる。脳と心の関係も同じようなものである。脳だけで心を説明することはできず、ましてやそれらを同一視することなどできない。

この発想をさらに一般化してみると、そこに人間の自由が現われてくる。すべての行為には、その行為を成立させるための物理的条件が存在する。しかし、それらの条件は必要条件の一部であって、十分条件ではない。人間が関与する現象は心的要素と非心的要素が混在しており、物理的条件だけで人間の行為を説明することはできないのである。

ここでガブリエルは、「固い原因」と「理由」を区別する。前者は結果を必然的に引き起こす物理的原因で、後者は結果をもたらそうとする動機や意志である。固い原因は、しばしば、匿名のものとなる。たとえば、私たちは自分の脳や身体の状態を知ることなく空腹を感じるが、じつはその空腹感にはいくつかのホルモンや腸内の微生物が関係している。固い原因は私たちから隠されていることも多いのだ。

すると、こういう仮説が立てられる。すなわち、私たちは知らないうちに何かに操られているのかもしれない、と。強い意志に基づいて行為を遂行したように思えても、その背後には意識化することのできない自然の摂理が潜んでいる、というわけである。しかし、この仮説は科学的には検証も実証もされていない。特定の心的状態に対応する脳の状態を調べることは可能だが、そのことだけでは、脳がその心的状態を引き起こしたことにはならない。それはあくまでも事後的な検証にすぎないからだ。

ある出来事は、複数の「固い原因」と「理由」で構成される条件がすべて揃ったときに起こる。もちろん、自然科学の法則は堅固な因果の系列なので、私たちの意志とは無関係に妥当する。リンゴの木からリンゴが落下することに、いかなる動機や意志も介在していない。したがって、自然法則は固い原因だけで説明可能である。

ところが、人間の行為は別である。たしかに、脳や身体、そして、人間を取り囲む物理的周囲世界は、人間が行為するための必要条件であるが、私たちが何かを為そうと欲さない限り、起こりえないことも数多く存在する。自転車があるだけでは、サイクリングはできない。固い原因以外の必要条件に、人間は関与することができる。そして、そこに人間の自由がある。「我々の行動に必要な条件の多くは固い原因ではないので、我々は自由なのです」（ガブリエル 二〇一九、三百十三頁）。

こうして、複数の必要条件の組み合わせによる「充足理由の原理」（あらゆる存在者は存在するための十分な理由を持つという原理）の内部に、自由の可能性が現われてくる。ガブリエルによれば、自由は「決定論」（一切は決定されているとする立場）と両立するのだ。すべての出来事には、それが起こるための条件があり、特定の条件が揃ったときに、ある出来事は必ず起こってしまう（この部分が決定論である）。しかし、その条件のいくつかは、人間の意志が決める。だからこそ、人間は自由でありうるのだ。

ガブリエルにとって重要なのは、すべての人間がこの自由を手にしている、ということである。彼は自由の普遍性によって「普遍主義」を擁護する。自由は文化的相対性に回収されない。人間は自由であるというイメージを持つこと——この自己イメージこそが、まさに人間をして自由な存在たらしめる。逆に言えば、私たちが自分自身を自然主義的に規定している限り、自由をつかみとることは難しい。

実存哲学から道徳的実在論へ

ガブリエルは、「精神の自由」をデネットらの「心の哲学」に文脈化する点で、これまでの実存主義とは異なる仕事をしている。だから、彼は自らの実存哲学を「新しい」と考えているのだろう。しかしその反面、ドイツ観念論や現象学の伝統を自覚的に引き継いでもいる。だとすれば、むしろ新しい実存主義はこれまでの実存主義よりも古い、と言った方がよいのかもしれない。

さて、新しい実存主義から導かれるのは、「新しい道徳的実在論」である。その中心テーゼは以下である。

中心テーゼ（一）：私たちの個人的意見や集団的意見に依拠しない道徳的事実が存在する。それらは客観的に存立する。

中心テーゼ（二）：客観的に存立する道徳的事実は、本質的に、私たちによって認識されうる。したがって、それらは精神に依拠している。道徳的事実は人間に対して向けられており、私たちが何をなすべきなのか、何をなしてよく、何を阻止しなければならないのか、というような、人間の道徳的指針である。それらはその中心の要素において明白であり、〔今日のような〕暗い時代では、イデオロギーや、プロパガンダ、世論の操作、心理的メカニズムによって覆い隠される。

中心テーゼ（三）：客観的に存立する道徳的事実は、人間が存在する過去、現在、未来のすべての時代に妥当する。それらは文化や、政治的意見、宗教、性別、出自、外見、年齢に依拠することがなく、それゆえ普遍的である。道徳的事実は差別をすることがないのだ。

（Gabriel 2020, p. 33）

中心テーゼ（一）は、道徳的実在論のマニフェストである。これは構築主義批判を含意する。というのも、このテーゼが言っているのは、道徳的事実は、個人的意見や集団的意見によって構築されたものではない、ということだからだ。道徳的事実は客観的に存立するのである。

中心テーゼ（二）は、自由な精神を持った生物としての人間に関係する。そのような生物には道徳的要求がなされるだろう。すなわち、人間は自由であるからこそ、行為の基準を立てることができるし、自由であるがゆえに、倫理的問題を抱えることになる。したがって、中心テーゼ（二）は、ヒューマニズムの思想である。

中心テーゼ（三）は、普遍主義を表現する。道徳的事実は時代や文化を越えて妥当する。それは特定の共同体の内部でのみ妥当するのではない。すべての人間に対して存在するのだ。それゆえ、道徳的事実は、精神の自由と同様に、普遍的なものである。

無論、新しい道徳的実在論は、完成した道徳がすでに実現されている、と主張してはいない。私たちは、自己のイメージに左右されるし、行為の規準を誤った意味の場に位置づけてしまうこともある。しかし、その場合でも、道徳的事実は客観的に存立していて、いわば人間に、発見されるのを待っている。道徳的事実が現象する意味の場を、普遍的に共有する可能性がある――これを言い換えれば、人間は悪を非難するための確実な根拠を持ちうる、ということになるだろう。ガブリエルにとって、その指針となるものが道徳的事実にほかならない。

こうして、新しい実在論（存在論）、新しい実存主義（実存哲学）、新しい道徳的実在論（倫理学）は、互いに密接に連関しながら、人間の哲学全体を構成する。ここまできてようやく分かるのは、意味の場の存在論が普遍的倫理学の基盤として構想されている、ということである。生き方や善悪の問題の手前にある物の見方や物のあり方を再考することで、実存哲学と倫理学をバージョンアップさせようとしているのだ。ちなみにガブリエルは一九八〇年生まれの若い哲学者なので、いずれの領域もこれからさらに展開していく見込みがある。

とはいえ、たしかに、新しい実在論にはドイツ哲学の保守的な雰囲気が漂う。それは、人間を特徴づける「精神」を呼び覚まし、「道徳」の基礎に「自由」を置くのだから。しかも、道徳は文化的差異とは無関係に実在するのである。結論だけに注目すれば――「新しさ」を強調するわりに――ガブリエルは伝統的なものへと回帰している印象すら受ける。

しかし実際に、ポストモダン的構築主義の限界を打ち破って、多元的な、そして世界を無化した、実在論の新しいディスクールを起動してもいる。そうすることで、ガブリエルは、新しい実在論がドイツ観念論の単なる焼き直しではないことを証明しようとしている。少なくとも、私にはそう見える。

現代実在論の他の諸派とは異なり、新しい実在論の核心にあるのはヒューマニズムである。無数の意味の場は人間とは無関係に存在するが、現代哲学の本質的課題は、科学技術を用いて人間の知的-身体的限界を超えて進化することを目指すトランスヒューマニズムや、人間以後の存在を考えようとするポストヒューマニズムにではなく、人間的認識の限界を冷静に見極めたうえで、人間という意味の場を――全体主義、自然主義、ニヒリズムに対抗するために――再建することにある。これがガブリエルから私が受け取った中心のモチーフである。最後に、ガブリエルらしい一節を引いておこう。

この世にあることは素晴らしい、でも、いつも、誰にとっても、というわけではありません。私たちがこの惑星で自由、繁栄、健康、正義の条件を改善しようとともに努めないのだとしたら、それは私たち人間自身の責任です。私たちにとって、もう一つの惑星はありませんし、すべてを今よりよくできるもう一つの人生など、本気であてにすべきではありません。だから、イデオロギー批判という意味で、ポストヒューマン時代の到来という虚しい約束に反論できる人間精神の自己イメージを描くべく努めるのは、哲学の主たる仕事なのです。（ガブリエル 二〇一九、三百五十頁）

三 実在をめぐる論争

相対主義と普遍主義を再考する

新しい実在論が構築主義を抜本的に批判する理由は、構築主義の論理が相対主義の限界を突破できず、ポピュリズム、ニヒリズム、イデオロギーに対抗する力を失ってしまったからである。

文化的差異を越境して実在する普遍性を――しかも全体主義には陥らない仕方で――奪還することに、現代哲学は取り組んでいるのである。以下、改めて、新しい実在論による構築主義批判のポイントを確認してみよう。

ポール・ボゴジアンは、ポストモダン的相対主義の特徴を「拮抗している妥当性」に見ている。それはこういう教義である。「世界を知るためには、根本的に異なるけれども、『拮抗して妥当する』多数の方法がある。そして、科学はそれらのうちの一つでしかない」(Boghossian 2006, p. 2)。

私たちは世界をさまざまな方法で調べることができる。しかし、それぞれのアプローチの仕方は、文化や社会に固有の狭い関心によって規定されている。知識を獲得するための絶対的な方法は存在しない。自然科学もその例外ではない。それは数ある方法のうちの一つであり、せいぜいそこで獲得される客観性の度合いが高いだけである。事実それ自体は存在せず、事実は一定の条件下で作られたものである。もっと突きつめて言えば、事実とは主観的な解釈にすぎない。

ところが、こうした相対主義の主張をそのまま維持するのは難しい。というのも、先に示唆したように、相対主義は相対主義それ自身に跳ね返ってくるからだ。これは相対主義に対する古典的ではあるが相変わらずの強力な批判である。トマス・ネーゲルはこう書いている。

「あらゆるものは主観的である」という主張は、ナンセンスにならざるをえない。というのも、その主張はそれ自体、主観的もしくは客観的でなければならない。しかし、客観的ではありえない。なぜなら、その場合、その主張が真であるなら、その主張は偽になるだろうから。そして、主観的でもありえない。というのも、その場合、いかなる客観的主張も排除しないことになるから。そこには、その主張は客観的に偽である、という主張も含まれるのだ。（Nagel 1997, p. 15）

「あらゆるものは主観的である」という主張は、主観的であることも客観的であることもできない。それが主観的であるとすれば、「あらゆるものは主観的である」という主張それ自体が主観的なものにすぎず、「『あらゆるものは主観的である』という主張は客観的に偽である」という主張も存立しうる。逆に、それが客観的である場合、「あらゆるものは主観的である」という主張が真だとすれば、同時にそれは偽にならざるをえない。（「あらゆるものは主観的である」という客観的主張も「あらゆるもの」に含まれてしまう）。こうして、「あらゆるものは主観的である」という主張は、ナンセンスになってしまうのだ。

要は、相対主義は自らの主張の基礎づけに失敗する、ということである。その極端な形式は脱構築理論のさらなる脱構築という戦略になるが、それでは哲学の営みは絶えざる自己批判に落ちてしまい、そういうことをしていては、本来立ち向かうべき現実的課題に取り組むことはできない。結果として、言論はポピュリズム、ニヒリズム、イデオロギーの圧力に負けてしまう。

新しい実在論は、構築に実在を対置することで、堅固な現実の基盤を確保する。最も基礎的なレベルでは、事物の実在や自然科学の客観性が論じられるが、ガブリエルの真の意図が新しい道徳的実在論の普遍的展開にあることは、先に見たとおりである。

構築主義的相対主義には決して語ることのできない実在の領野を――私たちの自然な生の感覚から乖離しないように注意しつつ――提示することで、ガブリエルは、人間の自由を軸にした普遍主義を高らかに謳う。この動きを近代哲学の保守本流への回帰とみなすこともできるかもしれないが、やはりそれは、あくまでも物自体または事実それ自体の認識可能性を主張する「実在論的普遍主義」にとどまるのだ。

現代実在論の混迷

現代実在論全体を俯瞰すると、実在論一般に共通する問題が浮かびあがってくる。それは、実在論の諸派の主張が互いに異なるだけではなく、その議論の中心にある「実在」という概念が信念対立を誘引していて、しかも実在論のなかにはその対立を解決するための原理がない、というものである。現代実在論は実在をめぐる調停不能な抗争に入り込んでいるのだ。

象徴的には、思弁的実在論の分裂がある。思弁的実在論は、二〇〇七年、ロンドン大学ゴールドスミス校で開かれたワークショップに始まる。登壇者は、レイ・ブラシエ（一九六五―）、イアン・ハミルトン・グラント（一九六三―）、グレアム・ハーマン、カンタン・メイヤスーの四人であり、そのワークショップのタイトルが「思弁的実在論」であった。彼らは、カント以後の相関主義＝人間中心主義を批判して、思考から独立してある存在を思弁的に考察しようとする点で、関心が一致していた。

しかし現在、ブラシエのプロメテウス主義、グラントの生気論的観念論、ハーマンのオブジェクト指向存在論、メイヤスーの思弁的唯物論は、互いに相容れない理説になっており、ブラシエとメイヤスーは、すでに思弁的実在論の運動から離脱している。

思弁的実在論の分裂の背景には、つぎの問いがある。すなわち、実在とは何か、人間に実在を認識することはできるのか、認識するための具体的な方法は何か――。これらの問いに対する答えが一致しないのだ。

たとえば、メイヤスーの主張はこうである。カント以後の哲学の大部分は、思考と存在の相関性に閉じ込められた（＝相関主義）。物自体は認識できないものとなり、思考と存在の相関性にのみアクセスできるという見方が広まることで、思考にとっての「大いなる外部」は失われてしまった。

その一方で、自然科学は、生命（認識者）以前の宇宙の状態を解明しつつある。だとすれば、自然科学とその基礎にある数学は、「相関主義的循環」――物自体の認識は、それが認識された瞬間に、物自体の概念の認識になってしまうこと――を突破して、物自体に届いている、と言ってもよいのではないか。それはすなわち、物自体を数学的に記述することを意味するが、相関主義の哲学はこの単純な事実を説明できない。そうであるからには、現代哲学は、相関主義をその内側から乗り越えるために、思弁的理性を駆使して物自体に到達する可能性を考えなければならない。「絶対的なもの」を取り戻そうとしているのだ。

したがって、メイヤスーによると、実在とは数学的に記述される何かであり、人間は数学によってそれにアクセスできる。誤解を恐れずに言えば、思弁的唯物論は物自体を数学化しているのだ。(ただし、メイヤスーは数学以外の方法を模索している、ということは付記しておく。)

それに対して、オブジェクトの四方構造を分析するハーマンは、実在的対象は決して人間に現前することはない、と主張する。それどころか、この事実は人間と対象の関係に限定されるものではなく、およそ関係性一般の本質がそうだというのである。「対象を正当に扱う唯一の方法は、その実在性をあらゆる関係から自由で、あらゆる相互性よりも深いものとして捉えることである。〔中略〕つまり、対象は自らの構成要素にも他の事物との外的関係にも還元不可能なものなのである」(ハーマン 二〇一七、七十八頁)。

では、いかにして実在を知ることができるのだろうか。実在は不断に退隠《たいいん》するのだから、知性によって把捉することはできないだろう。ハーマンの答えは、こうである。私たちは「魅惑」されることで、対象に引き込まれる。ここで「魅惑とは、ある対象の存在を、その性質の文字記述で置き換えることなく、暗示で表すこと」(ハーマン 二〇二〇、百九十四頁)を意味する。すなわち、対象の実在性が魅惑を通して示唆されることで、人間は実在的対象の方にいざなわれる、というのだ。

ハーマンの主張が、メイヤスーのそれとはまったく異なるのが分かるだろう。ハーマンにとっての実在は、数学的に記述可能なものではない。ハーマンは美学を重要視しており、芸術的・詩的に暗示されて初めて、実在はその輪郭をおぼろげに与える、と考える。人間の知的な理解からはどこまでも逃れ出るのが実在というものであり、その本性が何であるのかは、間接的に伝達されるだけである。

別の例を出そう。チャールズ・テイラーとヒューバート・ドレイファスの「多元的実在論」である。その全体の構図は、新しい実在論と重なるところがある。彼らのテーマは、文化的多様性と科学的客観性をいかに両立させるか、である。私たちは、とりわけ実践的な行為において、実在に直接接触しているが（＝接触説）、実在に対するアプローチは一つに限定されない。すなわち、実在を取り調べる方法は複数存在する、ということである。実在と認識の一対一対応という描像を棄て去り、実在につながる複数の通路を認める多元的実在論は、意味の場の存在論の近縁種にあたる、と言ってよいだろう。

ところが、ガブリエルがどこまでも意味の場（コンテクスト）を離れないのに対して、テイラーとドレイファスは、自然科学が「どこでもないところからの眺め」を達成していることを擁護する。「それ自体であるがままの事物についての〈どこでもないところからの眺め〉でさえも、事物を開示する限定されたやり方のひとつでしかない」（ドレイファス＋テイラー 二〇一六、二百四十九頁）としながらも、「他の文化は、西洋近代科学における意味でのそれ自体であるがままの宇宙について、問いを発していない」（同書、二百四十五頁）と述べることで、彼らは自然科学に特別な位置を与えているように思われる。おそらく、これをガブリエルは容認しない。

以上のことを踏まえると、こう言えるだろう。現代実在論から、二つの哲学を任意に選択して、その理論を比べてみると、実在に関する教義が大きく食い違う。もちろん、こうした差異だけを取り上げて、現代実在論を批判することにあまり意味はない。ドイツ観念論や現象学でも、事情はさほど変わらないからである。

だが、私の考えでは、この「実在をめぐる論争」こそが、近代哲学の認識論の成果を十分に受け取らずに、構築主義への対抗思想として実在論が出てきたことの必然的帰結にほかならない。そして、このことに無自覚なのが、最も大きな問題である。

ハーマンは、「哲学へのより大きな脅威は、偏狭さと馴れ合い」であり、「それはあらゆる哲学が生まれてくる奇異さにとっての宿敵である」（ハーマン 二〇二〇、二百七十三頁）と述べることで、諸々の理論の対立をむしろ歓迎しているようだが、対立というものは、その先に出る可能性がある場合にのみ、そこに積極的な意味を認めることができるのであって、終わる見込みのない信念対立は、逆に哲学からその力を奪ってしまう。

カントやフッサールの仕事は、物自体の本性に関する相対主義と独断主義の水かけ論に終止符を打つために、あえて物自体の認識を断念するという認識論的自覚に貫かれている。理性の実践的使用の場面で、カントが道徳法則の原動力である「物自体」を再び持ちだすにしろ、私たちはそこで、認識論と倫理学のあいだで善悪の普遍的根拠を考え抜こうとする、カントのぎりぎりの選択に出会う。フッサール現象学にあっては、物自体が引き起こす抗争が完全に自覚されており、それを抑止するための手続きが方法化されている。

ちょうどポストモダン思想が、独断主義を警戒するあまり近代哲学の成果をまるごと捨ててしまったように、現代実在論は、こんどは行きすぎた相対主義を批判して、同じ過ちを繰り返している。ポストモダン思想と現代実在論は、物自体が産んだいわば双生児なのである。

認識論なき存在論の限界

存在論は認識論の原理を前提する。この順序を逆転してはならない。これが後に見ていくフッサール現象学の主張である。現代実在論は、このような存在論と認識論の基づけ関係に異を唱える。人間の認識の構造に存在を押し込めてはならない。それはあまりにも人間中心主義的な狭い「存在」概念であり、誰にも見られることなく存在し消滅したものや、人間の理解の範疇《はんちゅう》を超越して存在するものを説明できない。だから、実在論者は人間の認識とは無関係にある「オブジェクト」や「意味の場」を措定する。

ところで、ガブリエルは、新しい実在論を提唱する以前に、認識論の動機を考察している。認識の構造を理解したいという要求は、日常的な生活の地平からは出てこない。「そもそも何かを知るということはいかに可能なのかを、そのうえさらに知ることなしに、人は多くの物事を知ることができる」（Gabriel 2014, p. 29）のだから、経験的知識は認識論がなくても成立する。何らかの動機があって、ようやく認識論は始まるのだ。

ガブリエルはその動機を「方法的懐疑主義」（ピュロン主義）に見出すが、彼がそこから引き出すのは、知識の有限性、言い換えれば、すべての知識は一定の仕方で条件づけられており、しかもその条件を人間はコントロールできない、ということである（ibid., pp. 31–32）。何かを認識するという行為は、特定のコンテクストを離れられない。また、人間はそのコンテクストを支配することができない。したがって、デカルトに始まる認識の基礎づけには明らかな限界がある。これは後の新しい実在論につながる考えである。

さて、認識論は懐疑の働きによって始動するという主張は、まったく正当なものである。（私たちは第三章で懐疑主義の意義を確認する。）絶対に正しい認識、無条件に妥当する認識、脱パースペクティヴ化された認識はありえない。それでもガブリエルは、認識論的懐疑が関与しえない意味の場を確保して、さらに、それらのいくつかを普遍的に共有することを企図する。これらの作業は、すべて実在する普遍性の獲得を目指して行なわれている。

しかしながら、人間の認識とは独立してある意味の場を定立する戦略には、大きな弱点がある。それは、複数の認識が一致する（または一致しない）条件を明らかにすることができず、また、認識のありようを変化させながら、普遍性を創出していくためのダイナミックな原理を持たない、というものである。

新しい実在論にしたがえば、複数の認識が一致しないのは、それぞれが異なる意味の場を生きているからであろう。しかし同時に、ガブリエルは、民主主義、自由、道徳は実在する、とも言っている。これは多くの人に希望を与えるかもしれない。人間の普遍的連帯の可能性を際立たせる思想なのだから。

ところが、ここで問題になるのは、ガブリエルとは異なる意見を持つ人びとが存在することである。おそらく、意味の場の存在論は、民主主義に同意しない者たちをこう説明するだろう。彼らは異なる意味の場を見ていて、民主主義の実在に気づいていないのだ、と。しかし、そのとき、変わるべきは民主主義に同意しない側なのだろうか。むしろ、理想の政治形態は、簡単に機能不全に陥る民主主義ではなく、有能な人間が一人で共同体を統治する哲人政治であり、その理想は個人的意見や集団的意見とは無関係に昔から実在するが、愚鈍な大衆はそれに気づかないだけだと、どうしてそう言えないのだろうか。

複数の道徳が対立する場面を考えてみよう。そのとき、「道徳的真理」という概念は、どの道徳が真理であるのかについてのさらなる対立を呼び込むにちがいない。新しい実在論にはその争いを調停して、共通了解を創出する具体的な手立てがない。何よりも「実在」という観念がその邪魔をする。私たちの認識の外部に何らかのものを措定すると、その存在を説明するための複数の恣意的なモデルが乱立する。しかし、その存在が認識の外部にあるがゆえに、それぞれのモデルの妥当性を、認識論的な根拠を持って、建設的な仕方で検証していくことはできない。二十一世紀の哲学の舞台で起こっている現代実在論の混乱は、まさにそのことを証明している。

ガブリエルは、認識論の限界を指摘して、すべての認識は特定のコンテクストにあることを受け入れる。別言すれば、認識の厳密な基礎づけを断念する。しかし、ガブリエルが優れているのは、そこで簡単に普遍性を手放さないことである。認識の厳密な基礎づけが不可能になったからといって、物自体を認識できないということにはならない。物自体がさまざまな仕方で現われていると考えればよいからだ。このようにして、実在論と多元主義の長所を併せ持つ意味の場の存在論は、伝統的形而上学と構築主義の先に出るための道具立てを整える。

だが、私の見るところ、ガブリエルは近代認識論の達成の半分しか受け取っていない。つまり、絶対に正しい認識は存在しない。これだけである。本当は続けてこう言うべきなのだ。にもかかわらず、〈私〉は〈私〉の認識の根拠を確かめることができて、特定の領域においては、普遍認識の条件が間主観的な共通認識の条件として取りだされる。〈普遍性〉は、それぞれの〈私〉が自らの認識の根拠を少しずつ確かめながら、他者との相互主観的な確証に至るときに、やっと創出されるものなのである。そのようにして、ようやく〈私〉は、子どもの頃から徐々に身につけた世界確信のありようを批判的に考え、それを修正していくことができるようになる。

認識論を見限って存在論に走った現代実在論は、いくつかの興味深いモデルを提起することには成功したが——それらが思考から隔絶した実在に関するモデルであるがゆえに——どのモデルが妥当なのかについて吟味する術《すべ》を持たず、最終的には、相対主義と大差ない状況に陥っている。皮肉なことではあるが、構築主義を論破することには成功したとしても、実在論は実在論それ自体を乗り越えられていないのだ。

実在をめぐる論争

現代実在論の哲学者は、物自体について何ごとかを言わんとする。しばらくのあいだ時代の寵児であったポストモダン思想の勢いを止めて、真理や普遍性の概念を刷新しようとするその動機は、哲学的に重要な意味を持っている。とりわけ、ガブリエルは、認識論の動機と限界を察知したうえで実在論に打って出ており、ちょっと見ただけでは素朴な感じを受ける新しい実在論には、じつは認識論的洞察が組み込まれている。このようにして、現代哲学は普遍主義に転回する。

しかし、実在論の戦略は問題を抱えている。それは、認識論的懐疑が及ばない実在の領野を確保するがゆえに、その領野がいかなる性質のものなのかについて、互いに対立する複数の思弁的理説を産んでしまうのである。思弁的実在論の分裂はその象徴とも言える出来事だが、新しい実在論もまた、実在論の相克を回避することはできない。無数の意味の場が客観的に存在するというガブリエルの主張は、本当にそうなっているのかは決して誰にも分からない論理構造になっている。意味の場は認識作用から独立して存在しているという。しかし、そうであるからこそ、そのような意味の場がどこかにあることを確認することはできない。真に存在するのは、意味の場か、オブジェクトか、数学化された物自体か、自然法則か。この問題が解けないことには構造的な理由がある、と言うべきなのである。

「実在をめぐる論争」は、新しい実在論が目指す普遍主義に逆行する事態である。どうして現代実在論は行き詰まってしまったのか。繰り返しにはなるが、その理由を一言でいえば、観念論を警戒するあまり、近代認識論の成果を反故にしてしまい、「間主観的普遍性」（人間の確信としての普遍性）ではなく、「実在的普遍性」（人間を超越する普遍性）にその活路を見出したからである。すなわち、〈普遍性〉をつくる可能性ではなく、普遍性を単に実在するものとみなす可能性にかけてしまったのだ。現代実在論は、一つの例外もなく、観念論と実在論という枠組みそのものを乗り越える原理を持たない。そうして、調停不能な複数の理論が対立する事態を招いたのである。

カントやフッサールの超越論的観念論の立場から見れば、現代実在論はポストモダン思想に対する反動思想というほかない。そして、私の考えでは、普遍学としての哲学を再建する可能性は、現代実在論や構築主義にではなく、双方から批判を受けている現象学にこそある。

実在をめぐる論争を回避するためには、第一に、近代認識論が苦闘した主客一致の認識問題の意味を理解し、第二に、その問題を原理的な仕方で解明して、主観と客観という図式そのものをひっくり返す必要がある。すなわち、はたして人間の認識は実在と一致するのか、と問うのを止めて、どう考えれば全員の合意をうまく創出していけるのか、ということを焦点とするのだ。現象学はその原理と方法をすでに準備しているが、注意しなければならないのは、普遍性という概念のなかには、抑圧と排除のリスクが潜んでいることである。

普遍主義の危険性を認識せずして、二十一世紀の〈普遍性〉の哲学はありえない。しかし、そこにいかなるリスクがあるというのだろうか。このことを徹底的に暴いてみせたのが、構築主義である。いま、〈普遍性〉は適切に批判されなければならない。構築主義が登場した理由とその意味を考えることにしよう。

第二章
構築主義の帰結
――普遍性を批判する

人間は物自体を認識できない。意識に与えられる存在は、必ず何らかの仕方で――文化、言語、歴史、身体、関係性、無意識を媒介にして――構築されている。構築主義は事実それ自体という考えを否認して、世界構築の多様性を推し進めるだろう。すると、世界についての独断的言説はその相対性を暴かれる。いかなる理論も多数ある構築物のうちの一つでしかない、とみなされるからである。

構築主義は、当たり前に承認されてきた社会の一般性を突き崩し、そこから外れてしまった者の切実な感性をすくいあげる。私たちの「ふつう」は特定の文脈で正当化されたものにすぎない。「ふつう」と「おかしい」を――しばしば一方的かつ暴力的に――分け隔てる社会的条件を俎上に載せることで、「一般性」という概念に対して疑問を投げかける。構築主義の原理が、ジェンダー論やカルチュラルスタディーズにおいて歓迎されることには、本質的な理由があるのだ。

たとえば、男性が外で仕事をするのが「ふつう」の社会を想像してみよう。そういう社会では、一日中家にいて、家事や子育てに専念する男性は「おかしい」と思われる。面と向かって言葉にしないとしても、世間は彼を白い目で見るだろう。その人が自分の生き方に自信を持っていて、パートナーとのあいだで役割分担をしていても、専業主夫にとっては生きにくい社会である。

ここで構築主義者は、性別による分業は、単にその共同体の文化圏内で歴史的に構築されてきただけであり、人間の自由を抑圧する暴力装置である、ということを明らかにする。「ふつう」はローカルな共同幻想にすぎない。それどころか、社会というものは、その社会に馴染めない人びとに対して「おかしい」というレッテルを貼ることで、「ふつう」と「おかしい」のカテゴリーをでっちあげる。そうして、社会の側が「おかしい」人びとを作り出している。そこに抑圧と排除の論理が働いている、というのである。

興味深いのは、ヨーロッパ中心主義や男根中心主義だけでなく、近代哲学全体がその批判の対象になったことである。その理由をおおまかに言えば、近代哲学で議論される普遍性、理性、真理などの概念のなかに、自分たちとは異なる者を差別して──特殊な者、非理性的な者、無知な者として──排除する論理が潜んでいるように思われたからである。

近代哲学の普遍主義、ヨーロッパ列強の帝国主義、女性蔑視の男根主義、ナチズムとスターリニズムの全体主義は、じつはすべて同じ穴の狢《むじな》であり、これらの主義主張には同型性がある。すなわち、(ヨーロッパ的－男性的) 理性こそが普遍的に正しく、それに従わない者は本質的に劣っているので、こちらから積極的に啓蒙しなければならない。反旗を翻す者は徹底的に撲滅すべしという考えである。このような独断的欺瞞が近代社会の発展を裏で支えていて、二つの世界大戦と全体主義が近代の必然的帰結だとすれば、まずはそこに潜む独断性を解体しなければならないだろう。この仕事を引き受けたのが、構築主義なのである。

ところが、構築主義の論理をその極限にまで進めていくと、そこに一切の構築を無効にする絶対他者が現われる。構築の反復はカテゴリーを細分化して、最後には、何者とも規定しがたい他性という観念に行きつくからだ。しかし、絶対他者の哲学は「否定神学」にならざるをえず、哲学は袋小路に入る。その具体的様相を見てみよう。

一　構築主義の基礎理論

理性への疑義――『啓蒙の弁証法』

フランクフルト学派の重鎮マックス・ホルクハイマーとテオドール・アドルノの共作である

『啓蒙の弁証法』（一九四七）には、戦中戦後のヨーロッパ知識人が抱いた、近代的理性への疑義が端的に表明されている。彼らはこう述べる。「何故に人類は、真に人間的な状態に踏み入っていく代りに、一種の新しい野蛮状態へ落ち込んでいくのか」（ホルクハイマー＋アドルノ二〇〇七、七頁）。

全体主義の本質は非合理的な神話であり、論理的には反駁可能であるはずなのに、どういうわけか理性は全体主義の暴力に屈してしまう。いや、むしろ理性の啓蒙それ自身が、暴力と一体化しているようにさえ見える。

『啓蒙の弁証法』の第一部「啓蒙の概念」は、二つのテーゼから成る。（一）すでに神話が啓蒙である、（二）啓蒙は神話に退化する（同書、十五頁）。以下、ホルクハイマーとアドルノの歴史解釈を要約してみよう。

啓蒙の目的は、知識によって世界を理解可能なものとすることで、未知の現象が引き起こす恐怖から人間を解放して、人間を支配者の地位につけることである。どこまでも合理性を追求して、世界を均質化しようとする啓蒙は、人間を世界との呪術的一体性から切り離すだろう。しかし、啓蒙の達成である数学的思考は、人間の精神そのものを「物象化」（物のように扱われること）してしまう。そうして、啓蒙は神話へと退行し、全体主義に抗うための（想像）力を理性から奪い去る。これが全体像である。

啓蒙の合理性から見れば、神話は未だ合理的とは言えず、呪術的な要素をそのうちに含む。しかし、神話は自然全体を言語で組織的に記述している。ならば、そこに一つの真理要求がある、とも言えるだろう。（神話以前の段階で）原始人が経験したであろうアニミズム的自然は、神話においては（人格を持った）神々の物語に置き換えられる。そこには自然を支配しようとする人間の意志が働き始めている。したがって、神話がすでに啓蒙なのである。

ここで注目すべきは、人間が外的自然との原初的一体感から身を引き剝がし、それを征服するとき、人間は同時に内的な自然（生、欲望、美的感情など）をも克服して、自己を制御する術を学ばなければならない、ということである。そうしなければ、たちまち自我は同一性と自律性を失い、自然の要求に屈してしまう。つまり、外的な自然の克服には、内的な自然の克服が要請されるのだ。

啓蒙はこのようにして、外的自然と内的自然双方の抑圧と支配を目指す。ところが、内的自然を抑圧することで、精神は自然（欲望）と合理性のあいだで自己分裂に陥ってしまう（フロイト的に言えば、精神は自然を暴力的に抑圧することで神経症にかかる）。また、啓蒙は合理的思考によって一切を支配したように見えるが、実際には、非合理的な暴力の契機（抑圧と支配）をその存在条件として持っている。そこに啓蒙のコンプレックスと自己欺瞞がある。

外的自然と内的自然から自らを疎外した人間は、数学的合理性に基づいて、画一的な全体性を作り上げるが、しかしその行為によって、合理的なものに対抗する手段を喪失する。そのとき、個人は量的に計算されうる単位にすぎない。数学的全体性は、抑圧と支配の原理をそのうちに含みながら、人間を代替可能なものにしてしまうのだ。そして、この事実に理性は気づかない。

支配を確立するために支払われた代償は、たんに支配された諸対象から人間が疎外されるということばかりではない。精神の物象化とともに、人間のさまざまの関係そのものが、個々人の自己への関係を含めて、狂わせられてしまう。個々人は、即物的に彼から期待される慣習的な反応と機能様式の結び目にまで収縮する。かつてアニミズムが事物に心を吹き込んだとすれば、今は産業主義が心を事物化する。(同書、六十四頁)

啓蒙は支配の原理である。たとえば、ナチズムは、全体の理念のためにユダヤ人をいとも簡単に生贄《いけにえ》にした。いかにいかにも効率よくユダヤ人を「処理」するか——この命題は神話的狂気のようにも思われるが、そのじつ理性的な課題である。なぜなら、ホロコーストは、ユダヤ人を「処理」するためのスピードとコストを重要視する合理的システムだから。いまや理性と共犯関係にあることの暴力性は、精神がかつて斥《しりぞ》けたはずの自然の論理の回帰であり、また啓蒙自身に内在する支配の契機でもある。こうして、理性は全体性に従属する道具(＝道具的理性)になり、啓蒙は神話へと退行してしまうのである。

ところで、ホルクハイマーとアドルノの啓蒙批判は、近代哲学の批判と並行してもいる。生の自然を非合理な神話とみなし、それを抑圧した後に残るのは、哲学的には、身体も血も心も失った抽象的な現象学的主体(超越論的主観性)である。それはいわば自動人形のようなものであり、際限なく合理性を追求する経済ゲームのメカニズムに吸収される。近代哲学の諸概念は、そのようなメカニズムに抗う力を持たない。アドルノは、つぎのように書いている。

むしろ、フッサールの哲学に登場する原的（originär）と称されている概念、とりわけ認識論上の諸概念は、ことごとくそして必然的にそれ自体において媒介されている、あるいは――学問上の決まり文句を用いれば――「前提負荷的」であるのだ。批判されるべきは絶対的な第一者という概念それ自体なのである。（アドルノ 一九九五、八頁）

フッサールは「原的直観」を理性的認識の正当性の源泉とみなし、一切の認識を直観によって組み立てようとする。ところが、直観は社会的-歴史的経験に媒介されている。つまり、直観は無前提ではありえない。本来であれば、直観の内実こそが――社会に通用している支配的言説が、いかに直観を歴史的に構築してきたのか――批判的に検証されなければならない。しかし、フッサールは、デカルト以来の認識論の出発点である絶対的な第一者にこだわることで、社会システムに対する批判精神を持たないブルジョア哲学にはまり込んでいる。アドルノからすると、フッサール現象学は近代哲学の限界を端的に象徴するものなのだ。

以上のように、ホルクハイマーとアドルノは、啓蒙の暴力性を明らかにして、批判の矛先を近代哲学に向ける。直観は何らかのものによって媒介されているという主張は、現象学批判の定型と言うべきものである。つまり、認識の根拠を相対化する論理である。

しかしその後、『啓蒙の弁証法』は、フランクフルト学派の新しい世代に属するユルゲン・ハーバーマスによって抜本的に批判されることになる。その批判の要諦は、理性批判を首尾一貫して完遂するためには、少なくとも批判のための一つの（理性的）規準を準備しなければならないが、ホルクハイマーとアドルノはそれに失敗している、というものである（ハーバーマス 一九九九、二百二十頁以下）。結局のところ、彼らは「理性への懐疑そのものをもう一度疑ってかかるための理由を考え抜くかわりに、歯止めのない理性不信へと身をやつしてしまった」（同書、二百二十五頁）。

ハーバーマスの読みは、啓蒙の弁証法への内在的批判として妥当なものであり、本書全体の方向性とも重なる。しかし、ここで私たちは、アドルノとホルクハイマーの道具的理性批判の欠点を指摘するのではなく、ひとまず、その意義を受け取っておこう。暴力に対抗すべき理性が、暴力に奉仕する道具に変貌する。「理性の普遍性」は「支配の全体性」となる。それを絶えざる否定によって相対化することが、戦後の欧米哲学の主要な課題の一つになったのである。

世界のヴァージョンは複数ある

マルクス・ガブリエルは、世界は存在しない、と述べたが、ネルソン・グッドマン（一九〇六一九八）によると、世界の「ヴァージョン」は複数ある。唯一絶対の世界は存在せず、世界の様式は無数に存在するというのである。したがって、特定の世界像を優遇することはできない。以下、構築主義の基礎理論の一つであるグッドマンの「相対主義的唯名論」を概観する。

グッドマンの中心テーゼは、つぎの文章に要約されている。

> 世界にかんする劇的なまでに対照的なヴァージョンは、言うまでもないが、相対化することができる。すなわち、一定の体系（システム）のもとで――しかじかの科学、しかじかの藝術家、しかじかの知覚者と状況にとって、おのおのが正しいのである。ここで再びわれわれは、「世界」(the world) を記述ないし描写することから、記述や描写について語ることへ注意を向け変えることになる。しかし今度は、問題とされたシステム間で翻訳が可能だという慰めさえ無くなるし、当面するいくつものシステムを編成するはっきりした組織なども無くなってしまう。（グッドマン 二〇〇八、二十一頁）

世界は記号によって制作される。しかし、そのヴァージョンは無数に存在しており、一定の座標系のもとで、さまざまな、場合によっては互いに対立する複数のヴァージョンがある。たとえば、科学と芸術では世界の眺め方が異なるだろう。また、世界がどう現われるのかは、各々の知覚者の状況に依存している。世界は、それを眺める特定の観点から、作り上げられるものである。

ここで注意すべきは、あるヴァージョンを別のヴァージョンに翻訳することはできない、ということである。目の前に唯一の世界があって、それに対するアプローチの仕方が、人によって異なるのではない。初めに無数の記述の様式があって、そこに無数のヴァージョンが現われているだけなのだ――「世界がなくても言葉は存在できるが、言葉なり他の記号なりを欠けば世界は存在できないのである」（同書、二十六頁）。

たとえば、実験室でH_2Oと規定される水は、教会では聖水として神聖な意味を帯びるだろう。聖水はH_2Oに還元されない。H_2Oは水素原子と酸素原子の共有結合を示すだけであって、宗教的神聖という意味を表現しないからである。ゲーテが「水は高鳴り、盛り上がり、漁夫の素足をぬらしたり。かれが心あくがれて高まりぬ、恋しきひとに呼ばれしごとく」（ゲーテ 一九八九、九十一頁）と書くとき、その詩的表現を自然科学の記述の体系で翻案することはできない。たとえ何らかの仕方で恋の詩を数学的に置換できたとしても、ゲーテの詩が持つリリシズムは失われるにちがいない。あるいは、こう言った方がいいかもしれない。宗教や芸術のヴァージョンを自然科学のヴァージョンに還元するのはつまらぬことである、と。

では、いかに世界は制作されるのか。「世界なるもの（the world）がヴァージョンにすぎないさまざまな世界（worlds）に席を譲り、実体が関数へと解消され、与えられたもの（所与）とは把握されたもの（獲得物）であることが認められた」（グッドマン 二〇〇八、二十七頁）とき、世界の構造をどう捉えればよいのだろうか。グッドマンは世界制作の方法を五つ挙げている（同書、二十七頁以下）。

（一）　合成と分解――世界制作は、結びつけることやばらすことによって行なわれる。個々の存在者が持つ形態や性質の同一性（もしくは類似性）によって種や類を定義したり、全体を部分に分解したりすることで、ヴァージョンは生成する。

（二）　重みづけ――重要性の度合いをつけることで、世界は制作される。二つのヴァージョンの分節は同一でも、それぞれの対象の価値、効用、重要性が異なることで、それらのヴァージョンは区別される。

（三）　順序づけ――存在者を生成もしくは派生していく順序が、ヴァージョンごとに異なることがある（音階、数学の進法、時間など）。

（四）　削除と補充――手持ちの世界から、新しい世界は生まれる。その際、世界は単純化もしくは複雑化される。芸術家は見えている世界にとらわれない。科学者はわずかな観察から精緻な構造を確定する。

（五）　変形――世界制作では、造り直し、変形、訂正、歪曲が行なわれる。ここには能動的な修正だけではなく、受動的な修正も含まれる。たとえば、物理的長さが等しい線分の端が内向きの矢になっているものは長く、外向きの矢は短く見えるのは、知覚における受動的な修正の一種である。

グッドマンは、自然法則や芸術作品を念頭に置きつつ、私たちが世界をどのように構築しているのかを示してみせる。もちろん、彼自身も認めるように、五つの方法は厳密に区別されるようなものではなく、それぞれは部分的に重なるだろう。たとえば、諸々の対象の重要性の違いによって、それらを分解している、とも言えそうだ。さらに探究を進めていけば、新しい方法が見つかるかもしれない。

しかし、いずれにせよ、ここではつぎのことが重要である。すなわち、世界が構築される仕方や世界を記述する方法は多種多様であって、決して一つに還元できない。すると、記述の数だけ——諸々の記号システムの差異に加えて、そこには状況や関心の差異も反映されている——「ヴァージョン」は存在することになる。だとすれば、たとえ同じ言語体系に属していても、状況や関心が異なれば、制作される世界のヴァージョンも異なる。こうして、グッドマンは「実在」の相対性を主張するに至る。

> 世界にかんする実在性《リアリティ》は絵画における写実主義《リアリズム》と同様、大部分習慣の問題だからである。とすると皮肉なことだが、ひとつの世界を求めるわれわれの情熱は、さまざまな場合、さまざまな目的により、多くのさまざまな仕方で満たされることになる。運動、派生、重みづけ、順序だけでなく、実在さえも相対的なのだ。(同書、四十七頁)

世界の実在は「習慣」を通して確信されたものにすぎない。ところで、自然科学者は物理的世界の実在を主張して、生活世界の不完全さや曖昧さを指摘するかもしれない。しかしながら、自然科学的世界像が世界それ自体に一致することを証明することなどできないし、むしろ自然科学者の方が、直観に与えられる複雑な世界を単純化している、と見ることもできる。いかなる実在であっても、ヴァージョン＝コンテクストから離れて存在することはできない、というのである。「理解と創造は手を携えている」（同書、四十九頁）とするグッドマンは、複数の世界制作の方法を認める。そこには、文化によって異なる生活様式だけではなく、自然科学、芸術、宗教などの特殊な様式も含まれている。前章で確認したように、このデフレ的戦略は、新しい実在論によって根本的に批判されることになるが、世界認識の複数性を容認するという点に関しては、意味の場の存在論の発想と重なる。ここまでくると、私たちは、ガブリエルが構築主義の多元的枠組みを新しい実在論のモデルに取り入れていることを理解できるようになる。

ローティの本質主義批判

ネオプラグマティズムを主導したリチャード・ローティ（一九三一―二〇〇七）の本質主義批判を見ていこう。

ローティによると、哲学で語られる「実在」や「本質」は、特定の言語的実践においてのみその意味を獲得するのだから、世界それ自体の構造を写し取ったものではない。「一切が社会的構築であるということは、人間の言語的実践は他の社会的実践と緊密に結合しているので、自然についての記述も人間自身についての記述もつねに社会的必要性の関数となっているということである」（ローティ 二〇〇二、百十七頁）。

すべての記述は特定の観点からなされる。どの観点が人間の役に立つか――このような問いであれば、批判的に吟味して答えを得られるかもしれない。しかし、どれか一つの観点を特権化することはできない。世界の記述は社会的必要に相関する関数なのだから、それぞれの記述はいつか不要になれば廃れる。だから、ローティにしたがえば、「どこでもないところからの眺め」は存在しないことになる。

ならば、哲学の問題とは何か。それは、環境に対処するための有用な道具立てを準備できるかどうか、である。近代哲学が苦闘した認識論の問い――認識と実在は一致するのか――は、端的に言って、問い方を誤った偽問題である。一般に、私たちは特定の観点から構築された言語―認知体系の外部に出ることはできず、ある言語―認知体系の外側は、別の言語―認知体系でしかない。したがって、現象を突破して実在を把握する、という枠組みそのものがナンセンスである。

すでに近代哲学において、イギリス経験論のヒューム（一七一一―七六）は、本質、実体、物理法則はすべて「印象」から構築されたものである、と主張することで、存在の自体性を揺さぶった。しかし、ヒュームの考察は、あくまでも認識論の内部を動いている。つまり、主観と客観という基本図式を変更してはいない。

それに対して、デューイ以来のプラグマティズムの伝統を踏まえるローティは、認識の正当化と基礎づけという問題圏そのものから立ち去る。この認識は有用であるかどうかを考察すること（だけ）が本来的な課題であって、認識と世界の厳密な一致は、さして重要な問題にはならない。この意味で、ローティのネオプラグマティズムは、「生への意志」に基づいて、一切の価値を転換しようとしたニーチェ的ラディカリズムの影響を受けている。

ローティは、「Xの内的核と、宇宙を組み立てている他の事項とXがある種の関係にあるという事実によって構成されるXの外縁領域との区別」を打破する試みを「反本質主義」と呼び（同書、百二十頁）、つぎのように論じている。

プラグマティストにとっては、他との関係抜きのXの相貌は存在しないし、Xの内在的本性、つまりXの本質のようなものも存在しない。それゆえ、人間の必要性や意識や言語との関連を離れてXが本当にあるあり方に合致する記述のようなものもありえない。いったん、内在的と外在的の区別が消失するなら、実在と現象の区別も、さらには、われわれと世界のあいだには障壁が存在するのではないかという気遣いも消失するのである。（同書、百二十頁）

言いたいことは明快である。人間が認識する対象Xが、一切の関係から離れて存在することはありえない。Xが何であるかを実体的に規定する本質（内的核）は存在しないし、Xの本当の姿を記述するための方法もない。しかし、だからといって、不可知論に陥るわけではない。というのも、不可知論は、Xの内的本性に到達できないという断念から出来するが、ネオプラグマティズム＝反本質主義の図式では、一切の認識は初めから関係的なものであり、Xに作用を及ぼせること、また、Xを他の対象と関係づけられることが、Xが何であるかを知っていることに等しいからだ。すなわち、その対象が何であるかを知っている、ということの意味がそもそも異なるのである。

このようにして、現象と実在のあいだの区別は消える。私たちと世界のあいだの障壁も取り除かれる。すると、世界認識の絶対的基礎づけを目指す認識論は終焉する。さらには、人間と超越的存在との関係を思弁的に考察する形而上学は、その動機を失うことになるだろう。一切の超越項を取り払った後で、人間は自らの想像力だけを頼りに、生に意味を与えられるようになる。人間は人間の力によって人間のために連帯するのである（＝世俗的ヒューマニズム）。

こうした本質主義への反論は、一定の説得力を持つ。私は以前、「悪しき本質主義」という言い方で、マイノリティへの抑圧に転化しかねない本質主義を牽制したことがある（『新しい哲学の教科書』）。逆説的に響くかもしれないが、本質の実体性をあらかじめ解体しておくことは――反本質主義の立場に一度身を置いてみることは――本質主義を刷新するための欠かせない準備作業である、とさえ言えるのだ。

ところで、現代実在論の文脈では、チャールズ・テイラーとヒューバート・ドレイファスが、

「多元的で頑強な実在論」を提唱することで、ローティの「デフレ的実在論」に対抗している（ドレイファス＋テイラー 二〇一六）。前章で触れたように、彼らは、それぞれの文化に特有のパースペクティヴが実在のある側面を記述していることを認めつつ、自然科学が獲得した「どこでもないところからの眺め」の意味を考えようとする。一切を言語行為による構築物とみなすのではなく、自然科学の客観性と文化の多様性を両立させることが、彼らの狙いである。

しかし、私としては、構築に実在を対置するのではなく、むしろ普遍的な構築の原理を探究すべきだ、と言いたい。すなわち、「実在論的戦略」に対する「超越論的戦略」の優位を論証したいのである。ところがそのためには、ローティが拒否する認識論の意義を再考しなければならない。また、従来までの本質主義を適切に修正することが求められる。これらについては、次章以降で論じることにしよう。

二 近代を批判する——多様性と相対性

権力と知の共謀

ヘーゲルは自由が普遍的に展開していく歴史の必然を描いたが、それをちょうど反転させてみせたのは、ミシェル・フーコー（一九二六―八四）である。フーコーは、自由が実現していく歴史の過程で、いかに権力と知の関係が巧妙になっていったのかを明らかにする。権力は知に深く食い込んでいて、その事実が隠されているとすれば、認識主体を中心に据えた知識論は破棄されざるをえない。

『監獄の誕生』（一九七五）では、監獄と処罰の形態の歴史的変遷を追跡することで、権力と知の関係の歴史（系譜学）が論じられる。ここでフーコーの広範な分析をつぶさに確認することはできないが、三つの論点を取りだしておきたい。

（一）知は権力によって生み出される。この意味で、権力は生産的にふるまう。知＝権力は人間を個別化し分類するが、そのことで多様性は秩序を持つようになる。社会に適合しない人間は、作られるのである。規律を与えて、訓練を行なう監獄、病院、学校は、そのような者を監視・矯正して従順にする場である。

（二）権力は社会全体に遍在する。それは網状に張り巡らされており、生活の細部に入り込んでいる。あからさまな暴力が減り、表向きは人間性と自由が尊重されていても、権力は自由の看板を利用して、つねに働き、拡大している。私たちの身体性には権力の様式が刻印されている。

（三）認識主体は歴史的に構成された存在である。確実な知識のための始発点はありえない。主体性とは権力への服従の帰結であって、一切の始まりに位置しない。したがって、主体と権力は一体となっているが、その事実を権力はうまく隠蔽する。権力から自由な知は存在しないし、逆に、知との関係がなければ、権力の連関は存在しない。

フーコーは社会全体を権力のせめぎあいの場として捉える。一般的に、私たちが思い浮かべる権力は支配を目的とした抑圧的な力だが、支配の戦略はそれだけではない。力で相手を正面から押さえつければ、自らの権力を周囲に誇示することはできる。しかし、その行為は権力を可視化してしまうだろう。罪人を華々しく処刑するにはコストもかかる。

そこで権力は、知と共謀することで、姿をうまく隠す。知らぬ間に人心を掌握し、それをコントロールすることで、支配を効率化するのである。フーコーはこう書く。

要するに、権力を行使する者の華々しい輝きで明示される権力（絶対王政のような）のかわりに、権力が適用される相手の者を狡《ずる》いやり方で客体化する権力（つまり規律・訓練の）で対処するのであり、君主権の豪奢な表徴を誇示するよりもむしろ、権力が適用される相手にかんする知を形づくるのである。（フーコー 二〇二〇、二百五十三頁）

絶対王政における権力、すなわち、最強者が弱者に行使する権力は派手で分かりやすい。しかし、人間の「自由」を発見した啓蒙時代以降、徐々に一方的な専制支配の政治形態はなくなり、政治的権力の正当性の根拠は人民の「合意」に移行することになる。哲学に関して言えば、近代哲学は、社会の設計図を「社会契約論」という形で提起している。

ところが、自由の発見は、規律と訓練の考案でもあった。というのも、社会契約に入るためには、それぞれの成員は自由な市民として、一定の仕方で社会化される必要があるからだ。一言でいって、ルールを遵守できることが市民の条件になる。社会的行為の許可と禁止、正常な人間と異常な人間、市民と罪人、認識する主体と認識される客体——これらに関する知はすべて、規律と訓練を通して獲得される。そのようにして、あなたはどういう人間である（べき）かが、感受性のレベルで身体化されて、知らず知らずのうちに精神の首根っこをつかまれる、というのである。

しかも、私たちは権力に見られているが、権力を見ることはできない。「規律・訓練的な権力のほうは、自分を不可視にすることで、自らを行使するのであって、しかも反対に、自分が服従させる当の相手の者には、可視性の義務の原則を強制する」（同書、二百十六頁）。監視する権力は、権力の受け手を客体化するが、その関係は一方的なもので、社会に遍在する権力は隠されている。「その監視は、全社会体を知覚の一分野に変形する、言わば顔を欠く視線のようでなければならない」（同書、二百四十六頁）。

つまり、こうだ。認識はつねにすでに権力によって媒介されていて、社会で一般化もしくは正当化されている尺度にも、規律・訓練的な権力が影響を与えている。しかし、私たちはその事実に気づかないまま、与えられた自由を享受する。他者の自由を侵害する狂人や罪人——自由な主体を確立できず、主体の自由を尊重できない者――が監禁されることには正当な理由がある。彼らには科学（知）に裏打ちされたプログラムに基づいて、治療を受ける義務がある。こういう信念を自然な形で持てるように、権力は人びとを主体化＝従属化するのである。だとすれば、主体的な行為がじつは権力の強化に奉仕している、という事態もありうる。

認識する主体、認識されるべき客体、認識の様態はそれぞれが、権力―知の例の基本的な係り合いの、またそれら係り合いの史的変化の、諸結果である〔中略〕要するに、権力に有益な知であれ不服従な知であれ一つの知を生み出すと想定されるのは認識主体の活動なのではない、それは権力―知〔の係り合い〕であり、それを横切り、それが組立てられ、在りうべき認識形態と認識領域を規定する、その過程ならびに戦いである。（同書、三十四頁。〔の係り合い〕は原文）

主観が客観を認識して、そこに知が生まれるのではない。認識する主体、認識されるべき客体、認識の様態は、それぞれが権力と知の関係によって規定されており、認識とは諸々の権力の闘争の帰結にほかならない。それが権力にとって有益であれ有害であれ、知は必ず（歴史的）権力関係のなかにあるのだから、認識の根拠を主体の内側に求めても無駄である。フーコーはあるインタビューのなかで、以下のように語っている。

あなたのおっしゃる構成の問題についてですが、わたしはそれを構成主体に送り返すのではなくひとつの歴史的枠組の内部で解決するにはどのようにしたらよいのか、その点がみきわめたかったわけです。しかし、ここでいう歴史的枠組が現象学的主体を単に相対化するためのものであってはならないでしょう。〔中略〕主体がどのように構成されるかを歴史的枠組の中で明らかにすることができるような分析に到達する必要があるわけです。（フーコー 二〇〇六、三百四十一―三百四十二頁）

ここでフーコーは、現象学に文脈化して現象学的主体それ自身の構成の問題を説明している。系譜学は認識主体を歴史主義的に相対化することを目標にしてはいない。それは、歴史において認識主体というものがいかに構成されてきたのか、を分析するのである。これを私なりに翻案してみよう。

現象学的認識の主体である「超越論的主観性」に現われてくるものは、つねにすでに権力関係によって媒介された対象であり、したがって、（現象学がそうするように）意識に与えられた対象の自己所与を不可疑性の根拠とすることはできない。それどころか、認識主体としての超越論的主観性そのものが、権力への従属化の一帰結である。この事実に無自覚である限り、既成権力への抵抗は不可能である。認識と対象の時間的構造化の考察（発生的考察）は、権力と知の系譜学としてやり直されなければならない。認識論という伝統の内側で立てられた発生的現象学では、認識と対象に入り込んでいる歴史的含意を十分に捉えられない。

こうして、フーコーは、権力と知の関係を暴露することで、知＝権力が、分類し、周縁化し、虐げてきた者の居所を突きとめようとする。近代社会における規律・訓練的な権力の狡猾な戦略を表に出して、自由の普遍性から疎外されてきた人びとに光を当てるのだ。知と権力の共謀に飲み込まれた近代哲学では、その作業を遂行しえない。フーコーにしたがえば、近代哲学はいつとはなしに抑圧や差別に加担している、とさえ言えるのだろう。

ポストコロニアルとポストモダンの共通点

植民地主義以後の政治、経済、文化、思想のありかたを考察するポストコロニアリズムと、近代哲学以後、哲学の主流となったポストモダン思想は、近代批判という視点を共有している。ポストコロニアリズムは、文芸批評を主な手段として、旧植民地と旧宗主国との非対称な関係を分析し、植民地主義と帝国主義を非難する。さらに、これらの背景には近代哲学の思考があるとして、理性主義、普遍主義、本質主義といった近代ヨーロッパ哲学全体を支える枠組みをも批判するのである。ホミ・K・バーバ（一九四九—）は、こう論じている。

> ポストモダン状況により大きな意義があるとすれば、それはこうした自民族中心的な概念の認識論的な限界が、同時にまた、他のさまざまに異議申し立てを行う不協和な声と歴史――女性、被支配民族、少数者集団、規範に反するとされた性愛者たち――がはっきりと聞こえはじめる境界線でもあるという認識だ。今日の国際化社会を人の動きから眺めてみれば、そこに見えてくるのは、植民地独立後の移住の歴史であり、文化的にも政治的にも国外離散を余儀無くされた人々の物語であり、農民や先住民の共同体が大規模に排除されていく社会状況であり、亡命の詩学、政治的経済的難民の暗い散文である。（バーバ 二〇一二、八頁）

ポストコロニアリズムは、近代という物語を解体するだけではなく、これまでの歴史で描かれてきたテクストの余白に目を向ける。その余白に書き込まれているのは、声なき声の散文である。ただしこの作業は、テクストの境界線を絶えずずらし続けるために行なわれるのであって、二項対立的にコロニアルとポストコロニアルの境界を確定したりはしない。それはいわば、「異種混淆《ハイブリディティ》の場」（同書、四十四頁）を開くことなのである。

ポストコロニアル批評の知識人は、帝国主義と全体主義に帰着した近代全体を総括しなければならなかった。近代の失敗の大きな要因は、理性によって普遍的真理を認識できるという見方に立つ近代哲学の発想そのもののなかにあるのではないか。このドグマを解体するために利用されたのが、ポストモダン思想だったのである。

よく知られているように、レーニン（一八七〇―一九二四）は、帝国主義を資本主義の最高の歴史的段階として位置づけるが、ここで資本主義の理念を根底で支えているのは、私的所有をその基礎とする経済活動の「自由」である。しかし、この自由を享受し活用できるのは、じつは特権階級のみであり、どれだけ労働者階級が汗水たらして働いても、ブルジョアとの格差は縮まらない。自由競争は不可避的に「独占」と「搾取」に至るというのだ。この構造は一国内だけではなく、国際的分業体制においても妥当する。

> 帝国主義とは、あるいは金融資本の支配とは、このような分離が巨大な規模に達している資本主義の最高段階である。他のあらゆる形態の資本にたいする金融資本の優越は、金利生活者と金融寡頭《かとう》制の支配を意味し、金融上の「力」をもつ少数国家がその他のすべての国家にたいして傑出することを意味する。（レーニン 一九五六、九十八頁。振り仮名を施した）

金融独占資本主義は新しい市場を渇望する。そうして、ヨーロッパ列強、日本、合衆国によって、世界は分割されることになる。経済開発や〝未開人の啓蒙〟という大義名分は、十九世紀までに成立した国民国家のナショナリズムの内側では正当化されたが、ひとたび対外的な関係で見るならば、この一方的な論理は独断的偽善でしかない。福井憲彦は、十九世紀末のヨーロッパの状況を、つぎのように総括している。

たしかに一方では、自立した政治的権利をもたない人びとの集団が、独立国家の形成を求める、そういう動きは依然として継続していた。〔中略〕しかし他方で、国民国家としての内実を形成していこうとする展開は、ほかの国や地域世界との関係でいうと、富国強兵路線を進もうとすることと同時並行的になっていた。むしろコインの表裏のように表裏一体であった、といってもよい。〔中略〕ヨーロッパ各国にとっては、世界における有力国家としての政治的な位置の確保と、工業化を経たのちの経済競争における覇権の争奪戦、それらにともなう植民地獲得競争、こういった一連の展開が進んでいくことになる。（福井 二〇一〇、百七十七―百七十八頁）

国民国家の内部では、自由と平等の追求（＝啓蒙思想）に基づき、政治や経済のシステムが急速に整備されていったが（しかし、そこから女性は排除されていた）、俯瞰的な視点で見れば、アフリカやアジアはヨーロッパ列強による侵略と搾取の対象にすぎない。つまり、崇高な理念の実質は経済競争と軍事競争である、ということだ。にもかかわらず、植民地政策は被植民地の解放を目指す啓蒙運動の一環である、と信じられている。ここで近代（哲学）の欺瞞は頂点に達しており、アドルノとホルクハイマーが言うように、啓蒙は非合理的な物語に退行しているようにも見える。

もちろん、当時のヨーロッパに住むすべての人びとが、こうした考えに賛同したわけではないだろう。さらに言えば、植民地主義、帝国主義、全体主義の責任を、近代哲学に押し付けてよいのか、ということも慎重に吟味されるべきである。それは一面的かつ事後的な批判にすぎないし、次章で見るように、近代哲学の仕事の本質は別のところにあるからだ。

それでも、これからの〈普遍性〉の哲学を構想する前に、この概念が危うい一面を持っていることを、そして、現実世界で差別や迫害や虐殺が起こったという事実を、正面から受け止めねばならない。そのうえで、普遍性を全体性に転化させないための手続きを具体的に示す必要がある。ポストコロニアリズムの近代批判を論理的にかわすだけでは不十分なのである。

とはいえ、いたずらに普遍性を相対化するだけでは、近代哲学とポストモダン思想の先には進めない。この点については、前章で見たように、ガブリエルが正しい。ただし、これは革新的な考え方ではなく、ポストコロニアル批評の内部で、すでにエドワード・W・サイード（一九三五—二〇〇三）が指摘していたことでもある。

〔知識人は〕みずからの存在意義を、日頃忘れ去られていたり厄介払いされている人びとや問題を表象《レプリゼント》＝代弁することにみいださなければならないのだ。知識人は、こうしたことを普遍性の原則にのっとっておこなう。ここでいう普遍性の原則とは、以下のことをいう。あらゆる人間は、自由や公正に関して世俗権力や国家から適正なふるまいを要求できる権利をもつこと。そして意図的であれ、不注意であれ、こうしたふるまいの規準が無視されるならば、そのような侵犯行為には断固抗議し、勇気をもって闘わねばならないということである。（サイード 一九九八、三十八頁）

サイードは、オリエンタリズムにおける「オリエント」が、政治的なヒエラルキーによって構築された西洋的表象の体系にすぎないことを分析したが（サイード 一九九三）、構築主義的発想だけでは、正義の実現が難しくなることをよく理解している。構築主義がマイノリティの側に立つ思想であるとすれば、それは必ず〈普遍性〉の問題にぶつかるのだ。

しかし、ここで注意すべきは、普遍性の原則は、特定の共同体で妥当する法則を絶対化することではないし、人間を超越した客観的法則を道標にすることでもない、ということである。「普遍性の意識とは、リスクを背負うことを意味する」（サイード 一九九八、十六頁）。というのも、普遍性の原則は、他者だけではなく、自らにも適用されるからである。すなわち、自国や自分自身を非難しなければならない場合にも、同じように声をあげられること――自己批判を兼ね備えた普遍性の原則を貫徹することが、サイードのいう普遍性の意識なのである。

残念ながら、こうしたサイードの問題意識が、ポストコロニアリズムやポストモダン思想において、哲学原理として鍛えられることはなかった。結果、相対主義の限界を突破することができず、現代実在論によるバックラッシュが始まっている。だが、私の見る限り、個別性と普遍性のあいだに生じるはずのこうした緊張関係を、新しい実在論は持っていない。サイードが「普遍認識」の際に引き受けようとしたリスクは、意味の場の複数性という表象によって、うまく隠されてしまったのではないだろうか。

自己意識の展開

別の観点から考えてみたい。自己意識である。私たちは自分自身をどのような存在としてイメージするだろうか。スチュアート・ホール（一九三二―二〇一四）は、「啓蒙の主体」、「社会学の主体」、「ポストモダンの主体」という三つのアイデンティティの様式を提示する（Hall 1992）。以下、ホールの議論を参照しながら、近代以降の自己意識の展開を見ていく。

まず、啓蒙の主体は、生涯にわたって同一性を維持する、自己の中心に向かって統一された個人である。このとき、アイデンティティの核になっているのは、一つの自己にほかならない。すべての体験が〈私〉の意識によって統一されている理性的存在である。啓蒙主義の光を浴びたデカルト的コギトをイメージすると分かりやすいかもしれない。啓蒙の主体の自己意識は、考える主体としての〈私〉の絶対性に支えられている、と言えるだろう。

つぎに、社会学の主体である。この場合、〈私〉は、自己の内的核は自律的でも自己充足的でもなく、「有意味な他者」との関係性――社会的な相互行為とシンボルの交換――において構築されたものであることを自覚している。つまり、この自己意識には社会的関係が反映されており、社会学の主体は依然として真の〈私〉という内的核を持つが、そのアイデンティティは「自己と社会のあいだの『相互作用』によって形成される」(ibid., p. 276)。

啓蒙の主体は一切の関係性から独立(孤立)した理性的な意識存在であるが、社会学の主体は、〈私〉の意識の同一性の中心が他者(社会)との相互作用の結果であることに気づいている。すなわち、自己意識は社会的関係から自由ではありえない、ということをよく分かっているのだ。さらに言えば、自己意識の社会的構築は、自己と社会、私的なものと公的なもの、内的世界と外的世界の接続を可能にする。自己は社会の一部であり、また逆に、それぞれの自己によって社会は成立するからである。

ところが、社会学の主体は、大きな問題に直面してもいる。「以前には統一的で安定した一つのアイデンティティを持つものとして経験されていた主体は、分裂しつつある。すなわち、主体は単一のアイデンティティではなく、場合によっては矛盾した、もしくは、決着のつかない複数のアイデンティティによって成立し始めているのだ」(ibid., pp. 276–277)。自己の形成に影響を与える要素を一つに絞ることはできず、複数の関係性のあいだで引き裂かれているのである。

最後に登場するのが、ポストモダンの主体である。この主体は、アイデンティティを規定する単一の本質など存在しない、ということを知っている。それは、そのつどの社会的 - 文化的システムにおいて、私たちが自分自身をいかに表象するのか、ということに依拠するからである。

ホールが言うように、「アイデンティティは生物学的にではなく、歴史的に定められる」(ibid. p.277)。複数の異なるアイデンティティを束ねる同一的な自己は、もはや存在しない。そのような自己像は、デカルト的幻想でしかなかったことが判明する。

すると、一人のなかに複数の不確実なアイデンティティが混在することになるだろう。〈私〉は自己の存在に関するある種の不安定さを体験することになる。自分がいかなる存在なのかをつかむのが難しくなるからだ。

さて、以上の議論を踏まえると、こう言えるのではないだろうか。すなわち、自己意識のありようは、それ自体として存在するものではなく、さまざまな関係性を通じて、自分自身をどのような存在としてイメージするのかによる、と。平野啓一郎の卓抜な概念を借りれば、自己意識は「個人」から「分人《ぶんじん》」へ移行している、と言ってもよいだろう(平野二〇一二)。

私は、現代の実存意識という観点からは、「分人主義」の積極的な可能性を支持する。平野が述べるように、「貴重な資産を分散投資して、リスクヘッジするように、私たちは、自分という人間を、複数の分人の同時進行のプロジェクトのように考える」(同書、九十四頁。強調は省略)ことで、唯一の本来的な自己という重たい概念にとらわれなくて済むようになる。自分が本当は何者なのかという漠然とした問いから解放されて、一緒にいて心地よい他者や、おもしろそうなコミュニティのなかで、自分を立てていけばよいのだ。何よりもそこには、自分を少しずつ変えていける可能性がある。

啓蒙の主体、社会学の主体、ポストモダンの主体というホールの概念は、自己意識の歴史的変容を示してみせるだけではなく、認識の主体それ自身が、シンボルの体系と文化的表象によって構築されていることを浮き彫りにする。いまやアイデンティティは分散しており、それを一つに取りまとめることはできない。こうして、デカルトのいう主体は脱中心化される。

新しい実在論は構築主義を乗り越えているのか

主観は客観を正しく認識できるのか。デカルトが提起した認識論の根本問題は、「言語論的転回」以後の哲学では、時代遅れの遺産とみなされる。その理由は、単にその試みに答えを出すことが不可能だからではなく、主観と客観という図式そのものが、世界をあるがままに写し取ろうとする形而上学的野望を隠している、とされるからである。

これまで見てきたように、構築主義は、社会的、文化的、歴史的構築を強調することで、近代哲学の基礎概念を解体する。実在、真理、本質などの概念は、人間の社会的な言語行為のうちで、その意味を獲得する。その外側に出ることは決してできない。そして、世界には多様な言語―認知体系があるのだから、複数の構築物は互いに相対的なものとならざるをえない。

現代構築主義を代表する論者ケネス・J・ガーゲン（一九三四―）は、構築主義のテーゼを四つにまとめている。それはこういうものである（ガーゲン 二〇〇四、七十二頁以下）。

（一）私たちが世界や自己を理解するために用いる言葉は、「事実」によって規定されない。
（二）記述や説明、そしてあらゆる表現の形式は、人びとの関係から意味を与えられる。
（三）私たちは、何かを記述したり説明したり、あるいは別の方法で表現したりする時、同時に、自分たちの未来をも創造している。
（四）自分たちの理解のあり方について反省することが、明るい未来にとって不可欠である。

認識の根拠をどこまでも論理的に相対化することではなく、むしろ人間の未来を建設的な仕方で構想していくことが、現代構築主義の大きな動機になっていることがよく分かる。たとえ事実が世界の構造の一部ではなく、人間的分業の所産にすぎないとしても、自己と世界のあり方を積極的に記述し、感受性や価値観が異なる者のあいだに対話が生まれることで、よりよい社会を目指していける、と信じるのである。

しかしながら、その限界は新しい実在論によってすでに指摘されている。現実世界は構築されたものにすぎないのか。妄想と現実を区別する根拠は、人間の頭のなかにではなく、世界の側にあるのではないか。構築主義においては、「実在的なもののいかなる権威も無効にされ、そしてその場所に、一つの擬似現実が強い虚構の要素と一緒に配置される」（Ferraris 2014, p. 15）。近代が残した独断的概念に対抗するところまではよかったが、最後には、人間の生活を支える共通の基盤まで相対化してしまった、ということだろう。

構築主義の本来の仕事は、抑圧と差別を引き起こす条件を取り払ったうえで、公正な社会の条件を再構成することにあるはずだ。実際、ガーゲンは、対話による相互了解の可能性を模索する。この思想は、社会の周縁に追いやられた者の受け皿となり、倫理的にも優れた動機を含んでいる。ガーゲンは、こう書いている。

イデオロギー批判が示しているように、権威の言葉は、世界を正確に写しとるものではありません。むしろ、彼らの利害・関心が、ある特定の説明を選ぶように仕向けているのです。では逆に、無視されているものは何でしょうか。どのような表現が抑圧されているのでしょうか。私たちは、権威をもつ人々が、特定の説明によって、どんな利益を得ているのかを厳しく問わなければなりません。そして、いったい誰が沈黙させられ、搾取され、忘れ去られているのかということについても考えなければなりません。(ガーゲン 二〇〇四、三十四頁)

権威が真理を語ることで、声なき声はそこから排除されてしまう。私たちが正しいと考えている世界説明によって、利益を得ているのは誰か。そして、その陰で搾取されているのは誰か。構築主義は、マイノリティという立場を自覚的に引き受けることで、通俗的な相対主義の教説を越えることができている。つまり、普遍性から見放されて、誰からも見向きもされない者を励ます思想なのである。

そう考えてみると、ここに一つの疑問が浮かんでくる。新しい実在論は構築主義の動機を十分に汲みとっているだろうか。ガブリエルは、構築主義の多元性を上手にインストールすることで、見かけ上は文化的多様性を尊重している。だが、私の見るところ、新しい実在論は、マジョリティが押し付けてくる「当たり前」から外れてしまった人びとの状況を、実質的には考慮できていない。ガブリエルのモデルでは、マジョリティが見ている意味の場とマイノリティが見ている意味の場は存在論的に対等である、という事実以上のことを言えず、さらには、新しい道徳的実在論は特定の道徳観の実在を前提する議論になっているからである。

世界には民主主義や資本主義の理念である「自由」こそが、差別、搾取、格差、貧困、環境破壊を生みだす元凶である、と考える人びともいるだろう。民主主義はマジョリティにとって都合のよい制度であり、マイノリティの意見はいつまでも現実の政治には反映されない。自由と平等を掲げる民主主義も、煎じ詰めれば、多数決の原理にすぎない。資本主義は、生産性を高めることだけを目的とするのだから、不平等を是正する原理を持たない。それどころか、それは格差を利用してさらなる格差を再生産する自己準拠型のシステムであり、人間はそこから疎外されている。こうした考えである。

先進国で暮らしていれば、たいていの場合、自由は存在するのかもしれない。民主主義の正当性を疑う必要もないし、ほとんどの人びとが一定の仕方で善悪の基準を共有してもいる。実際、私も例外ではない。独裁制や寡頭制と比較したときの、民主主義の優位を信じている。頑強な善悪の基準——たとえば、人を殺してはならない——を真剣に疑ったことはない。子どもへの虐待は悪であると心から信じている。新しい実在論が広く受け入れられるのは、それが市民的良心に訴えかける力を持つからにほかならない。

ところが、民主主義というシステムの妥当性を検証する方法を持たない実在論は——どれだけ実在の多元性をマッピングしても——普遍性に至るための現実的条件を欠いている。そこには、〈私〉の世界観の妥当性を検証しつつ、共通了解を形成していくための原理がない。実在から出発する思考は、複数の道徳が対立した場合に打つ手がなくなるのだ。ちょうど現代実在論が「実在をめぐる論争」に帰着したように、真の道徳を決めかねる状況に陥ってしまうだろう。ガブリエルが語る民主主義や資本主義に対して——どうしてイスラーム原理主義ではないのか——同調圧力を感じる者もいるにちがいない。

ガブリエルは、道徳的真理を価値づけ直そうとする試みを批判してさえいる（ガブリエル 二〇一八b、百四十八頁）。その理屈はこうである。価値一般の根拠を再考すれば、すべての価値は恣意的に操作可能であるという誤解に行きつく。道徳の相対化を防ぐためには、人間の認識とは無関係に存在する道徳的事実を承認してしまうのが有効である。こうして、ガブリエルは道徳的真理の実在を断言する。が、その道徳論は構築主義的相対主義に対しては金城鉄壁の守りだが、同類の実在論に対して脆弱なのだ。

もちろん、存在論は倫理学ではない。沈黙させられている人びとに届かないことが、必ずしも哲学の欠陥になるわけではないだろう。しかし、新しい普遍主義を打ち立てるのであれば、特定の集団がそこから排除される可能性は、いつも考慮される必要がある。そうしなければ――どれだけそこに論理的な整合性があっても――〈普遍性〉の哲学は全体主義に転化する。

民主主義や資本主義を疑うのなら、代案を出して、世界のどこかで別のシステムを構築して生きていくしかないのか。そうなると、意味の場の存在論は、複数の実在の分断に帰着する。では、民主主義の実在を啓蒙することで解決するのか。啓蒙される側にとっては、そのようなマウンティングこそが、悪の実在として映るだろう。

その一方で、普遍性を遠ざけてしまう構築主義では、それ自身の主張を基礎づけることはできない。構築主義も、その倫理的動機も、歴史的に構築されてきたものの一部であり、特定の言語―認知体系のうちでのみ成立する、と言うほかなくなるからである。だから、古い普遍性の独断的性格を批判することはできても、新しい〈普遍性〉をつくることはできない。それはいわば再建なしの解体なのである。ここに大きな課題が残る。

三　絶対他者の否定神学

最も虐げられた者という理念

構築主義の論理の先には、他性の理念化をその本質的な契機とする、一切の構築から逃れ出る絶対他者の「否定神学」が待ち受けている。絶対他者とは、いかなる規定性によっても規定されない、「無限性」という本質を持つ他者である。すなわち、他者が最も虐げられた弱者という一つの理念に結びつくと、いかなるカテゴリーからも超越する絶対他者の可能性を措定せざるをえなくなるのだ。一つずつ、説明していこう。

一般に、構築主義は本質主義に対立する（ローティの批判を思い出してほしい）。ある対象が何であるかを規定する本質は、さまざまな仕方で媒介されており、それ自体として存在するわけではない。さらに言えば、本質は、それを見る者の視点によって変化するのだから、特定の観点を前提する遠近法的なものになる。だから、対象の本質や、特定のグループをまとめあげるカテゴリーは――とりわけ、それらが実体的に捉えられると――構築主義による批判の対象となる。

ところが、じつは構築主義はカテゴリーを用いる理論である。認識主体もしくは認識対象の構築を分析するとき、構築主義者は、何による構築を誰が被《こうむ》るのかを問題にするだろう。そうしなければ、具体的な分析は不可能である。たとえば、男性に対する女性、白人女性に対する黒人女性、裕福な黒人女性に対する貧しい黒人女性、アメリカ国籍の貧しい黒人女性に対する無国籍の貧しい黒人女性、これらはすべてカテゴリーを利用している。

ガヤトリ・C・スピヴァク（一九四二―）はこの事実に気づいており、「戦略的本質主義」の立場で、相対的に弱い立場に置かれた人びとの戦略的かつ一時的な連帯の可能性を模索した時期がある（スピヴァク 一九九二、二十五頁以下）。同じように苦しむ人びとをまとめているカテゴリー（たとえば、「女性」）を、当事者が自覚することで相互に連帯して、マジョリティの権力に抵抗するための本質主義である。ただしそれは、マイノリティの連帯のために採用される一時的な戦略であり、純粋理論的な立場で主張される本質主義ではない。つまり、カテゴリーが硬直するのを防ぐために、いつでもそれを捨てられるようにしなければならない、というのだ。

さて、ここで重要なのは、つぎのことである。すなわち、構築の反復は、右の例に見たようにカテゴリーを細分化していき、最終的には何者とも規定しがたい他性という観念に帰着する。その他者が社会から見放されて、苦しんでいることだけは分かる。しかし、本質主義によっても、構築主義によっても、その状況を語ることはできない。というのも、最も虐げられた弱者は一つの理念として存在しており、すべてのカテゴリーと構築を同時に撥《は》ねつける無限者として捉えられているからである。

現代実在論では、カンタン・メイヤスーが類似のモチーフを持っている。メイヤスーは、相関主義的理性が失った「大いなる外部」を思弁的理性の推論によって取り戻そうとする。相関主義は物自体の認識不可能性を受け入れることで、人間的認識の外側に存在する「異邦性」を喪失した。ところで、いかなる認識者も存在していなかった時代に宇宙に存在していたもの、すなわち生命以前の存在について、自然科学と数学は客観的な知識を獲得している。この事実は人間が大いなる外部に到達できるということを証明しているのだから、哲学も相関主義を内側から破り、異邦性と共にある「物自体」を奪還できるはずだ、と考えるのである。しかし、絶対他者の超越は、このような試みからも不断に逃れ出るだろう。それは一者の思考が決して到達することのない「無限」なのだから。

レヴィナスの現象学批判――〈私〉の理解を超える存在

エマニュエル・レヴィナス（一九〇六―九五）は、フライブルク大学でフッサールとハイデッガーから現象学を学び、その成果を『フッサール現象学における直観理論』にまとめたが、戦後になると、純粋現象学の立場からは徐々に離れていき、ついには現象学を根本的に批判して、倫理学を中心とする大きな業績を残した。また、彼はユダヤ教の教えからも着想を得ている。

レヴィナスは構築主義とは別の仕方で他者の問題を考える。私の興味を引くのは、レヴィナスの他者論における〈私〉と他者の「非対称性」である。〈私〉には触れることのできない他者の存在は、〈普遍性〉の哲学に何を示唆するのだろうか。以下、レヴィナスの議論のポイントを確認しておこう。

近代哲学の主要な課題の一つは、認識する主体と認識される客体の関係を解明することにあった。たとえば、デカルト、カント、フッサールと続く超越論的哲学の問題意識はこういうものである。誰もが主観的に対象を見ているはずなのに、数学、論理学、自然科学において客観認識が成立するのは、どういうわけだろうか。解決の手がかりは、人間の認識装置の共通構造にあるにちがいない。そうして超越論的哲学は、〈私〉の意識の内側で、客観性が成立するための条件と構造を考えようとしたのである。

次章以降で論じるが、この主客一致の認識問題を決定的な仕方で解いたのは、フッサール現象学である。その発想の核心を手短に述べてみよう。まず、物自体についての判断を保留して、一切を〈私〉の意識に還元する。それから、意識体験に与えられる現象を記述して、そこから誰にとっても当てはまる構造を取りだす。すると、客観認識とは〈私〉と他者の認識の共通性を意味することになる。

フッサール現象学において、他者はあくまでも〈私〉によって把握される存在にすぎない。他者は〈私〉と似たものであり、〈私〉の自我を適宜変更してみることで到達できる存在である。そうでなければ——他者はまったく異質な存在だとしたら——〈私〉の意識体験の内側で、間主観的に妥当する条件と構造を取りだすことなど不可能である。つまり、〈私〉と他者の関係は対称的なのだ。

レヴィナスの現象学批判は、まさにこの点に向けられる。

現象学とは一箇の哲学的方法であるとはいえ、現象学は――光のうちに置くことで理解しようとするものであるかぎり――存在することそのものの究極的なできごとを構成するものではない。〈同〉と〈他〉とのあいだの関係はかならずしも〈同〉による〈他〉の認識に連れもどされるものではないし、〈同〉に対する〈他〉の啓示につきることでもない。（レヴィナス 二〇〇五、二十九頁）

現象学は存在を意識の表象に還元して考えるが、そこには意識の光によって存在を隈なく照らし出そうとする暗黙の意図がある。一切を意識体験に還元する現象学において、存在の意味とは、結局のところ、〈私〉の意識に映し出された表象以上のものではない。しかし、〈同〉を基点に〈他〉を測ってはいけない。そのような態度は、〈他〉の他性を蔑ろにしてしまう。〈私〉の意識の優位に固執する現象学は、〈他〉を〈同〉に回収する全体性の哲学である、というのだ。

さらに言えば、他者の本質というものは、〈同〉と〈他〉の相関性の外部から、二つの関係を記述し直すことによっても明らかにはならない。そのような記述は〈同〉と〈他〉の外にある別の視点で書かれたものなのだから、その視点に統合される形で、両者は再び全体性の一部となる。「形而上学的な〈他〉の他性は同一性のたんなるうらがえしではなく、〈同〉への抵抗からなる他性でもない。その他性は、いっさいのイニシアティヴ、〈同〉の帝国主義のすべてに先だつ他性なのである」（同書、五十一頁）。

現象学は、他者を意識に還元することで、〈私〉から出発する〈普遍性〉の哲学を構想するが、他者の他性をそのような仕方で普遍性＝全体性の一部とみなすことはできない。他者は〈私〉の理解を無限に超越するのであり、そこにあるのはいわば絶対的な高さなのである。〈私〉とは比較されえないのが絶対他者なのだから。レヴィナスはそう考える。

しかし、ここで注意すべきは、〈私〉を超越する他者が先に存在していて、その静的な関係を規定することが目指されているわけではない、ということである。むしろ、言葉による「語り」を通じて無限な他者との関係は生起する、と言うべきなのである。だから、他者の無限性を垣間見るのは、その高さを渇望するときであり、また、高みにいる他者に教えを乞うときである。レヴィナスはこう書いている。

全体性をかたちづくることのない諸項の関係が存在することの一般的エコノミーにあって生起しうるのは、したがって、《私》から〈他〉に向かう関係、対面の関係、深度において隔たりをえがくような関係としてだけである。その関係が、語りの、善さの、〈渇望〉の関係なのであり、そうした関係は、悟性の総合的活動が多様な諸項のあいだに設立する関係には還元不可能なものである。（同書、五十三頁）

対面の関係では、〈私〉の悟性的分類（〈私〉が持つ分類の枠組み）に他者が属することはない。他者はそのカテゴリーから不断に逃れ出る、〈私〉の思考に対して外在的な無限である。パロールとしての語りは流動的なものであり、それが他者を完全に汲み尽くすことはない。語りはそのつどつぎの語りへと移っていき、そこに新しい地平を伴うからである。だとすれば、他者の善性は、他者を求め、他者と語ることにおいて、現象するということになる。

レヴィナスが提起するのは、全体性の存在論に代わる無限の形而上学である。フッサールやハイデッガーの存在論を含む近現代哲学が、全体主義に対抗する力を持たなかったことには、哲学的な理由がある。〈私〉から始発して普遍性を目指す哲学は、まさにそのゴールが「普遍的なもの」の獲得であることによって、その外部に向かう想像力を持つことができない。レヴィナスは「権力の哲学、つまり〈同〉を問いただすことのない第一哲学としての存在論は、不正の哲学である」とさえ言う（同書、七十頁）。他者というものは、いわば「異邦人」であって、「〈異邦人〉に対して私は、権能をふるうことができない。私が〈異邦人〉を操作しようとしても、〈異邦人〉の本質的な側面は私の掌握を逃れる」（同書、五十二頁）のだ。

このような他者は、単なる〈私〉の類似物ではないだろう。それはちょうどプラトンにおけるイデア、デカルトにおける神のようなものである。ただし、プラトンやデカルトはイデアや神の存在を把握するための能力として知性を信頼したが、絶対他者は知性的に考えれば到達できるような存在ではない。絶対他者の高さを信頼して、その教えを乞おうとするときにだけ、〈私〉は他者との対面の関係に入っていけるのだ。ここで、無限をその本質とする他性の理念が、最も虐げられた者という観念に結びつくとき、そこに現われるのが「サバルタン」である。

サバルタンは語ることができるか

スピヴァクが議論するサバルタンは、〈普遍性〉の哲学に対する究極のアンチテーゼである。この思想は、構築主義による近代哲学批判をさらに批判することで、「他なるもの」という概念をもう一歩先に推し進める。すると、普遍的合意の可能性を目標に定める「言語ゲーム」（言葉の営み）は、大きな困難を抱えることになる。

構築主義が「本質」や「普遍的なもの」を批判する場合、そこで問題になるのは、どのような種類の政治的力学がそれらのなかに入り込んでいるか、である。マジョリティの社会集団とマイノリティの社会集団のあいだには権力関係があること、私たちが当たり前に依拠する日常的信念の一部は、特定の人びとに対して抑圧的または差別的に働きうること、真理や事実は特定の条件下でのみ妥当する共同的信念にすぎず、社会や文化によって相対的にならざるをえないこと――構築主義が見定めようとするのは、近代哲学が主導した啓蒙の影である。

それに対して、絶対他者の哲学では、もはやマジョリティとマイノリティのダイナミクスでは語りきれない他者の他性――それは他者の不可侵性でもある――が主題になる。絶対他者は、およそ想定されうる一切の共同性の外部に生起する。言い換えれば、いかなる集団に対しても外在的であり続け、知性はおろか想像力すらも届かない場所に住まう他者である。

さて、注目したいのは、スピヴァクがポスト構造主義（ポストモダン思想）に対して、批判的な態度を取ることである。フーコーとドゥルーズの対談「知識人と権力」を、スピヴァクはつぎのように評する。

この対談への参加者たちは、フランスのポスト構造主義理論のもっとも重要な貢献がつぎの二点にあることを強調している。すなわち、第一には、権力／欲望／利害のネットワークはきわめて異種混交的（heterogeneous）なものであって、それらをひとつの首尾一貫した語りへと還元することは反生産的であり、このような還元の試みにたいしてはたえざる批判が必要とされるということを明らかにしたこと。そして第二には、知識人は社会の他者（society's Other）の言説を明るみに出し、知るように努めるべきであると主張したこと。ところが、二人とも、イデオロギーの問題およびかれら自身が知的ならびに経済的な生産活動の歴史のなかに巻きこまれているということにまつわる問題については、これを一貫して無視している。（スピヴァク 一九九八、四頁。強調は省略）

一見すると、フーコー、ドゥルーズ、スピヴァクは、立場を共有するように思われる。その視線は、歴史のなかで沈黙させられてきた声なき声、社会から突き放されて弱い立場に立たされてしまった者に向けられているからである。複雑かつ巧妙になった権力、欲望、利害のネットワークを（意識のような）唯一の特権的領域に還元することはできない。近代哲学の限界はそこにある。「社会の他者」の言説を明るみに出そうとするポスト構造主義の姿勢は、（国際）社会から疎外されて、周縁に追いやられたサバルタンの所在を確認しようとするスピヴァクのそれと重なるだろう。

しかし、スピヴァクの立場から見れば、フーコーとドゥルーズは、彼ら自身がイデオロギーの一部であり、国際的な労働の分業体制において低賃金労働者を再生産している者の側に属することに無自覚である。女性、囚人、徴兵された兵隊、病院の患者たち、同性愛の人間たちが、自ら語り始めることによる階級を越えた連帯と、権力に対する世界的な闘争が可能である、と素朴に信じていることそれ自体が、じつは近代とは別の仕方でもう一つのヨーロッパ的主体を立ち上げている。つまり、〈私〉が欲しているものを理解して、それを語ることのできる主体である。

ポスト構造主義の知識人は、自分自身を批判的に検証することをしない。スピヴァクはここに（ヨーロッパ的）知の欺瞞を感じ取る。彼らは、国際的な分業体制によって周縁化された人びとを表象しながら、自分たちだけは完全に透明でありうると思い込んでいる。「現代のフランス知識人たちには、ヨーロッパの他者の名指されることのない主体のうちにどのような種類の権力と欲望がやどっているかを想像することは不可能なのだ」（同書、二十八頁。強調は省略）。もちろん、この論理は、アメリカの大学で教鞭をとるスピヴァク自身にも当てはまるだろう。しかし、彼女はこの事実に自覚的であろうとする。まさにこの理由で、スピヴァクは、一切の理論を一時的な戦略として用いており、脱構築を脱構築していく方向に針路をとるのだ。

サバルタンは語ることができるのか。スピヴァクによれば、「みずから知っていて語ることができ、代表しようにも代表しえないサバルタン的主体などといったものは、そもそも存在しない」（同書、四十四頁）。一者と他者、主体と客体、中心と周縁、私たちが前者の立場で語るならば、異種混淆的なサバルタンの声に触れることはもちろんできない。ではしかし、自分たちが置かれている状況をサバルタン自身が語るという選択肢は残されているのか。それすらも現実的には難しいというのだ。

労働の国際的な分業の圏域の外側には（完全に外側というのではないが）、もしわたしたちが同類や自己という席に座っているわたしたち自身の場所にのみ引き合わせて一個の同質的な他者を構築するだけでおわってしまうならばわたしたちにはその意識をつかまえることの不可能な人々が存在する。最低限度の生活を維持できる程度の自作農民、未組織の農業労働者、部族民、街頭や田舎にたむろしているゼロ労働者たち（zero workers）の群れである。かれらと向き合うということは、かれらを代表（vertreten）することではなく、わたした

ち自身を表象（darstellen）する方法を学ぶことである。（同書、五十四—五十五頁。強調は省略）

サバルタンの代わりに語ることも、サバルタン自身に語らせることも、ヨーロッパの知識人のエゴイズムにすぎない。虐げられた者の主体性を構築するのは、もう一つの暴力でしかないからである。彼らと向き合うということは、彼らを代表することではなく、私たち自身を表象する方法を学ぶことである、とスピヴァクは言う。

〈私〉とは異なる他者を想像するのを止めて、むしろ他者とは異なる〈私〉を想像してみること、それでもなお、声なき声を完全に汲み尽くすことはできない。「サバルタンは語ることができない。グローバル・ランドリー・リスト〔世界各地の国際空港のホテルなどに置いてある洗濯可能品目を長々と列記した表〕に恭《うやうや》しく『女性』という項目を記載してみたところで、こんなものにはなんの値打ちもない」（同書、百十六頁。〔 〕内は原文）。「私たちはつらい境遇にいるサバルタンの存在に配慮している」——こうした分かりやすいアピールではまったく不十分である。サバルタンはそのような言語ゲームの外側にいるのである。

神に近づく絶対他者

私は、言語ゲームの外部に絶対他者が存在する可能性を、〈普遍性〉の哲学を見直すための重要な契機と受け止めている。構築主義と絶対他者の哲学を認識論的に批判するのは難しくないが、独断的普遍性によって抑圧されている人びとの側に立とうとする哲学のモチーフは、その最も深いところでつかまえられる必要がある。

ところが、〈私〉の悟性的範疇に疑義を申し立ててみるだけでは、人間と社会の意味を基礎づけることはできない。相対主義は相対主義に跳ね返ってくるからである。「すべては相対的なものである」という主張も、相対的なものにすぎない。善悪に関する一切の根拠が単に相対化されてしまうなら、絶対他者が抑圧されていようがいまいが、関係なくなるのである。

絶対他者という考えは一つの「否定神学」に帰着する。もっとも、レヴィナスやスピヴァクの哲学は否定神学とは言えないかもしれない。しかし、双方の思想には、決して到達することのできない極限の他性という観念が含まれており、これがラディカルになると、誰が究極の最弱者なのかをめぐる否定神学に陥るのだ。「絶対他者の否定神学」である。

否定神学の論理を簡潔に確認しておきたい。否定神学において、神は「語りえないもの」であり、肯定と否定の二項対立を超越した否定によってのみ近づきうる存在として描かれる。誤解を恐れずに言えば、否定神学における神とは、無数の「〜ではないもの」に対する（超越的な）残余である。偽ディオニュシオス・アレオパギテスは『神秘神学』において、つぎのように述べる。

神秘なる観想の対象に対して真剣に取り組むために、感覚作用と知性活動を捨て去り、感覚と知性で捉えうる一切のものを捨て去り、あらゆる非存在と存在を捨て去りなさい。そして、できる限り、あらゆる存在と知識を超えている合一へ無知によって昇りなさい。〔中略〕あなたが一切のものを除去するとともに一切のものから解放されることによって、存在を超えている、神の闇の光へと引き上げられるであろう。(ディオニュシオス 二〇一八、四百十五頁)

神は感覚と知性で捉えることのできる存在と非存在を超えた存在である。それは日常生活において獲得される知では決して把握されえない。一般的な存在範疇をすべて忘れ去ってみなければ顕現しない「何か」なのである。したがって、神の超越へは無知によってのみ近づくことができる。超越者は「神の闇の光」という撞着でしか描写されないが、しかしこの矛盾した表現は、無論、神の不完全さの表われではなく、人間の認識と言語の限界に起因する。

ところで、真理というものは、人間世界における存在、認識、言語から絶対的に隔絶している、という考えは、古代インドのウパニシャッド哲学やイスラームのスーフィズムにも見られる。神秘主義において、真理はたいていの場合隠されており、(過酷な修行や苦行に耐え抜いた)一部の者だけが到達可能なものとして描かれる。真理はある種のラディカリズムを必要とし、それを徹底できない者は「覚りの言語ゲーム」（橋爪 二〇〇九、百八十九頁）から除外されるのである。

思考のベクトルが〈普遍性〉の哲学とは逆向きになっていることが分かるだろう。絶対他者の否定神学における他者は神や真理に限りなく接近しており、このとき普遍性は、真理から見放された人間の通俗的一般性を意味するようになる。すると、誰が最も苦しんでいるのかを顧慮しない一切の立場は、倫理の頽落形態《たいらく》とみなされる。しかも、最弱者救済の言語ゲームに参与する者は、〈私〉だけが真理を知っており、正義は最弱者とともに〈私〉の側にある、と考えているので、ほとんどの場合、普遍性を創出すること自体を厭《いと》う（自分と最弱者以外のすべての人間を信用しない）。結果、善悪の根拠は失われて、哲学は（権）力に負けてしまう。

特定の主義主張の絶対化と急進的な社会批判が結びつくとき、その主張を最も根本的な仕方で体現する者だけが正しく、それ以外はすべて間違っているという二分法で、言論は分断される。たとえば、マルクスとエンゲルス以後のマルクス主義の分裂は、その典型的な帰結のように見える。最も弱い立場に置かれた者の境遇を代弁した者だけに、社会批判の権利は与えられるのだろうか。そんなことはないはずだ。

絶対他者の他性が無限に理念化されると、否定の反復が他者を顕現させるための唯一の方法になるが、本来、語ろうにも語れない他者は最も身近にいる具体的な他者である。たとえば、アルツハイマー型認知症が進行すると、生活のさまざまな場面で意思疎通を図るのが難しくなってくるが、家族からすれば、変わらない親であり、優しい祖父母なのだから、私たちは何とかコミュニケーションを取ろうとするだろう。しかし、当然、このプロセスは簡単には進まない。

ところで、日本の救急医学の第一人者である行岡哲男は病気の本質を三つ取りだしている。「身体の不都合」（病気になると、身体の「能《あた》う力」が揺らぎ、これまでできていたことができなくなる）、「不条理感」（なぜ私だけにこんなことが起こったのかという不条理感を味わう）、「自己了解の変様の要請」（生に想定外の変更や制約が加わることで、自己了解を変える必要が出てくる）、である（行岡 二〇一二、三十八―五十一頁）。非常に優れた洞察（本質直観）である。

家族の側から見れば、このプロセスは「関係了解の変様」の契機として捉えられるだろう。たとえば、母と息子の関係は――奇妙に聞こえるかもしれないが反転して――娘と父の関係に変様していく。そうして、二人は新しい関係を少しずつ受け入れていくことを迫られるのである。〈私〉が他者の心を分かろうとする努力はこういう具体的な場面で生じるのであり、この事実を忘れてしまうと、思想は現実世界から乖離した言葉や論理の上だけで成立するものになってしまう。

構築主義や絶対他者の哲学は、それが優れた倫理的動機を持つがゆえに、簡単には反駁されない。しかし、その動機を現実化していこうとすれば、相対主義の戦略では立ち行かなくなる。すべての認識が相対的であるなら、サバルタンの状況を考慮する義務はどこにもないからである。普遍性を断念することは、実質的には、力による決定を受け入れることに等しい。

多様ではあるが、相対的ではない世界

「自由」は生き方を多様にする。また、自由の展開によって、それぞれの文化の独自性も認められるようになるだろう。しかし、多様性を強調しすぎて、自由が相対性に結びついてしまうと、逆にこれは、人間から自由の感度を奪う。自由は個人が処理すべき重荷になり、ニヒリズム（とメランコリー）を呼んでしまうのである。多様ではあるが、相対的ではない世界――しかし、それはいかに可能なのだろうか。

構築主義の主張はこうである。すなわち、一切は社会的‐文化的に構築されている。社会的関係や言語的実践から孤立した意識は存在しないので、デカルトが想定する認識の根拠は背理である。社会、文化、歴史、無意識、身体、言語、関係性――意識というものは、意識以外の要因によって構成されているのだから、それはいくらでも疑いうる、というのである。

しかし、ここで問題は、認識の根拠としての意識を疑っている、その批判的意識はどのようにして正当化されるのか、ということである。意識は構築された虚構にすぎないが、社会や文化の方は確実に存在する、と言える根拠はない。もしあるとすれば、意識の不可疑性を疑っている当の批判的意識以外には考えられない。こうして、一切の認識は意識に戻ってこざるをえない。

もちろん私は、孤立した意識の特権を主張したいのではない。言うまでもなく、私たちの認識は意識の外部から多くの影響を受けている。たとえば、認識は、ほとんどの場合、言語と一体で

ある。幼児は、親（大人）との言葉のやりとりを通して、言語分節と世界分節を一緒に行なう。すると、言語こそが認識を規定するものである、と言いたくなる。また、誰もが他者の世界に生まれてきて、そこでさまざまなことを学ぶのだから、〈私〉の世界認識にはつねにすでに他者性が入り込んでいる、と主張してみることもできるだろう。

さらには、自己意識がデカルト的中心を失っているという説は、現代の実存意識を的確に表現している。平野が述べるように、「個人」ではなく「分人」として自分をイメージする方が、少なくとも私自身の感覚にはフィットする。本来的な唯一の自己という観念はすでに時代の重荷になっている、とさえ言えるのかもしれない。

だが、にもかかわらず、意識が一定の仕方で構築されているという事実や、関係的で多元的な自己意識のありようと、認識一般の根拠としての意識は区別されなければならない。どのような順序で物事を考えていけばよいのかという観点からは、デカルト的自我の方法論的優位は擁護されうる。自己意識としての（経験的）自我と哲学の方法概念としての（超越論的）自我を分けてみる、ということである。これについては、次章以降で検討するつもりだ。

構築主義の主張は、構築主義の論理にしたがえば、構築されたものである。構築主義者の認識だけが構築を逃れている、とは言えない。その主張内容もまた、特殊な社会的環境の内側で構築されたものなのだから。構築主義では、一切の命題の真偽を確定することはできず、学問の営みそのものが挫折するほかない。

そこで、現代実在論が構築主義的相対主義を乗り越えるために登場する。しかしながら、実在論の原理では、実在をめぐる激しい信念対立を避けられない。実在とは何か、いかなる方法で実在にアクセスするのか――これらの問題について、本質的に調停不能な無数の理説が現われる。だから、現代実在論は「実在をめぐる論争」を解決することができない。異なる場所から異なる意味の場を見ている者たちが、共通の意味の場に視線を移していくための動機、そして原理と方法、これらがことごとく論じられていないのである。

構築主義と新しい実在論の対立は、以下のように整理できる。

（一）　構築主義は、「差異」を強調することで独断論を解体して、認識と存在の多様性を擁護するために、近代哲学の諸概念（普遍性、本質、真理、実在など）を批判する。それは、ジェンダー論やカルチュラルスタディーズと連動しながら、権力によって周縁化され、沈黙させられてきた人びとの声なき声を聴こうとする。しかし、その方法が相対主義であるために、現実と虚構を区別するための根拠を基礎づけられない。善悪の基準は論理的に相対化され、（暴）力が唯一の決定原理となる。自然科学の客観性の謎も残されるだろう。構築主義の構築、相対主義の相対化を避けられない。さらに、構築の無限の反復は何者とも規定しがたい他性という理念にまで行きつき、最終的には「絶対他者の否定神学」に帰着する。そうして、構築主義はその本来の目的を達成することができない。

（二）　新しい実在論は、構築主義と形而上学をともに批判して、哲学の「普遍主義」を再建しようとする。それは、物自体や事実それ自体の認識を認める「存在論的実在論」であるが、と同時に、客観的に存在する無数の意味の場に基づく「存在論的多元主義」でもある。すなわち、多元性の文化的構築の代わりに、その客観的実在を主張するのである。しかし、現代実在論全体を見れば、「実在をめぐる論争」の様相を呈している。実在論は意味の場を共有する可能性の条件を考察する方法を持たず、したがって、現代実在論の内部からは普遍性に至るための具体的な方途が見えてこない。事物の実在はわけなく認めることができても、意味や価値の実在ではどうだろうか。複数の意味の場が互いに反発しあうこともあるだろう。この場合、「実在」は——どれだけそれが多元的であったとしても——信念対立を調停しない。それどころか、むしろ対立を深める誘因になる。

（三）〈普遍性〉の哲学は、構築主義と新しい実在論の対立を根本的に調停しうるものでなければならない。ただし、これらの包括的乗り越えを目指す必要はなく、普遍性を創出するという目的に照らしてどのような考え方が必要なのかを吟味すればよい。構築主義と現代実在論が時代遅れの遺産とみなす現象学のなかに、私たちはその原理を発見するだろう。現象学から見れば、構築主義と新しい実在論が引き起こした「現代の普遍論争」は、古代ギリシア哲学から引き継がれてきた相対主義と独断主義の相克を現代哲学の舞台で再演したものにすぎない。多様ではあるが、相対的ではない世界——これをつくるための方法が現象学なのである。

現象学はいかにして認識論の根本問題に挑み、これを原理的に解明するのか。そして、認識論の徹底は、どのような哲学の地平を示すのだろうか。哲学の方法概念としての「意識」の内実を見ていこう。

第三章

現象学の原理——普遍認識の条件

新しい実在論と構築主義の対立を読み解くための手がかりは認識論にある。近代哲学において認識論に取り組んだのは、たとえば、ルネ・デカルト（一五九六—一六五〇）、イマヌエル・カント（一七二四—一八〇四）、エトムント・フッサール（一八五九—一九三八）などの哲学者たちである。ところが、新しい実在論も構築主義も、これら近代哲学の成果を十分に反映できていない。第一章と第二章で見たように、このことにはそれなりの理由があるが、しかし、現代の普遍論争を解決する原理は近代認識論がすでに提出している、と私は考える。

実在論の立場では、存在の本質は認識の可能性の条件とは別のところにある。近代哲学者がそうしたように、認識の可能性の条件を経由すると、結局のところ、存在は認識との相関性でしか語られない。そして、その相関性は相対性以外のなにものでもない。これが現代実在論の言い分である。

しかしながら、現代実在論は、それがまさに認識論から離れてしまったがゆえに、深刻な信念対立に帰着した。思考から独立した実在を思考することはできるのか、実在に近づいていくための方法とは何か。これらの問いに対して、さまざまな答えが乱立している状況である。認識問題を最後まで解かずに、実在論者はそこから立ち去ってしまったのだ。

さて、現象学の主要な課題の一つは、認識の謎を解明することだった。その原理は「現象学的還元」と呼ばれる。さしあたり、ここで形式的に述べておくと、現象学的還元は存在を意識との相関性において捉えるための態度変更を意味するが、そのとき現象学者は、意識に現われてくるものを単に記述するだけではなく、「本質直観」という方法を使って、意識体験の本質構造を探究する。つまり、意識作用とそれに相関する意識対象の本質を取りだす、ということである。これは志向的分析（意識作用と意識対象の相関性を現象学的に分析すること）と呼ばれる。

認識問題と現象学的還元の関係を深く理解すれば、「普遍認識」の条件が見えてくる。逆に、これがうまくつかめないと、現象学の態度はよほど不自然に思われるばかりか、すべての存在を意識の確信として捉えるという発想は、〈私〉は〈私〉の世界に閉じ込められている（＝独我論）という印象を与えかねない。ひとまずここでは、現象学的還元の根本動機は、「主客一致の認識問題」の本質を明らかにして、普遍学としての哲学を再建することである、とだけ言っておこう。

現象学的還元と本質直観に対しては、現象学内外からさまざまな批判が寄せられてきた。現代実在論と構築主義も例外ではない。しかし、それらの批判はフッサールの意図を十分に汲みとっているだろうか。フッサール現象学の核心を考察することにしよう。

一　懐疑から始まる認識問題

認識論のアポリア

「主客一致の認識問題」とは、主観は客観それ自体を認識できるのか、という認識論上のアポリア（難問）である。厳密に言えば、主観と客観の一致を証明することは可能か、という問題の形式をとる。主観は見る側を、客観は見られる側を意味するが、文脈によっては、思考―存在、認識―対象、主体―客体と言い換えてもいいだろう。〈私〉は対象それ自体を認識しているのだろうか。

具体的に考えてみよう。いま、目の前にリンゴがある。この場合、リンゴを見ている〈私〉が主観で、見られているリンゴが客観となるが、〈私〉がリンゴそれ自体を認識していることを証明することができれば、主客一致の認識問題は解決する。日常的な感覚では、〈私〉はリンゴそれ自体を認識している、と思っている人が多いはずだ。たとえば、スーパーの果物コーナーに行って、〈私〉はリンゴを認識できているのか、と疑う人はまずいないだろうし（私はときどき考えてみたりするが）、朝食にリンゴを丸かじりしながら、はたしてこれはリンゴの実在なのだろうか、などと思っていたとすれば、そんなことはやはり無意味で馬鹿げている。

しかしここで、リンゴ好きの人、リンゴアレルギーの人、自然科学者、猫が、それぞれリンゴをどのように見ているのかを想像してみよう。すると、こうなる。

（一）リンゴ好きの人にとって、赤くて丸いリンゴは魅力的なものである。真のリンゴ好きなら、リンゴの産地、品種、よしあしが一目見ただけで分かるかもしれない。

（二）リンゴアレルギーの人にとって、赤くて丸いリンゴは避けるべきものである。本物のリンゴでなくても、「赤くて丸い」という形象を見ただけで、喉がむず痒《がゆ》くなる人もいるだろう（ちなみに私はリンゴアレルギーである）。

（三）自然科学者にとって、赤くて丸いリンゴは研究対象である。リンゴの成分（食物繊維やビタミンが含まれる）を科学的に分析し、その種的性質（バラ科の植物で白い花をつける）を分類するだろう。

（四）猫にとって、リンゴは単なる物理的な障害物である。猫は赤色が見えない（と言われている）ので、それは丸いが赤くはない何かである。小さいリンゴであれば、机の上から落として遊ぶかもしれない。

以上のことを踏まえると、リンゴ好きの人、リンゴアレルギーの人、自然科学者、猫は、それぞれ異なる仕方でリンゴを見ている、と言えそうだ。しかもこのことは、人間と猫という種的差異だけに起因するのではない。同じ人間でも、それぞれが持つ関心に応じて、リンゴの見方は異なる。にもかかわらず、四者が同一のリンゴを見ていることも疑えないだろう。だとすれば、全員が同一の存在を見ているが、それぞれの意識に対する現象の仕方は異なる、ということになる。では、どの認識者の理解がリンゴそれ自体に的中している、と言えるのだろうか。

最も有力なのは、自然科学者が説明するリンゴの性質である。リンゴの成分や種的性質は科学的かつ客観的に規定されており、誰もがそう納得するほかない。かりに自然科学者の認識が客観に的中しているとしたら、哲学が苦闘する認識問題は偽問題にすぎないことになる。ところが、認識論の問題としてこれを厳密に考えるなら、自然科学の客観性では不十分なのだ。なぜだろうか。

その理由は、こうである。主観が客観それ自体を認識していることを証明するためには、主観は主観から抜け出して、両者の一致を主観の外部から確証しなければならない。しかし、それはできない。なぜなら、〈私〉の認識こそが客観それ自体についての認識である、と言ったところで、それはどこまでも〈私〉の認識にほかならないからである。コンピュータの動作の正しさを確認するためには、その正しさの基準それ自体を設定するメタコンピュータ（あるいは人間）が必要になるが、人間の認識の妥当性を外部から規定する尺度は存在しない。結局のところ、どのようなメタ認識も〈私〉の認識でしかないのである。簡単に言ってしまえば、眼は眼を見ることができない、ということだ。

自然科学においても事情は変わらない。もちろん、それが誰にとっても同じように再現可能もしくは反復可能であり、普遍的な検証可能性に開かれているという点で、自然科学の法則は個人的思念や共同幻想と存在の審級は異なる。だが、この事実は主観と客観の一致を証明しない。いかなる認識者（科学者）であっても自らの認識の外部に立つことはできず、たとえ自然科学の客観性が動かしがたい事実だとしても、原理的には、他者の眼から世界を眺めることなどできない。

〈私〉の認識と対象のあいだに断絶がある可能性、異質な他者が対象を別様に把握している可能性が、どこまでも残り続けるのである。主客一致の認識問題は簡単には解けないアポリアなのだ。

懐疑主義の論理——プロタゴラスとピュロン主義

認識の可能性を疑うことがなければ、認識問題は出来しない。自然科学は人類史上稀にみる客観性を作り出したが、まさにそれゆえに、それ自身の認識を疑う動機を持たなかった。一般に認識問題が妙な感じを与えるのも、ふつうに生きている分には認識の根拠を疑うきっかけがないからである。複数の人びとの意見がひどく食い違ったり、リアルな夢と曖昧な現実の区別がつかなくなったりするときに初めて、認識の本性とは何だろうか、という問いが現われる。つまり、懐疑が認識論を展開するのである。

哲学史において有名な懐疑主義者は何人もいるが、以下では、古代ギリシアのプロタゴラス（前四九〇頃―前四二〇頃）の哲学とピュロン主義を取りあげたい。プロタゴラスとピュロン主義はフッサール現象学にも影響を与えていて、認識論における懐疑主義のプロトタイプとみなせるからである。

さっそく、プロタゴラスの哲学を見ていこう。トラキア地方南海岸の都市アブデラ出身のプロタゴラスは、ソフィストの名士として名を馳せており、アテナイの政治家ペリクレスとも親交があったといわれている。ソフィストと聞けば、人びとからお金をとって弁論術を教えて、言葉のレトリックだけで、白を黒に、不正を正義に変えてしまう詭弁《きべん》家のイメージが強いかもしれない。

たしかに、プロタゴラスは詭弁家という一面を持ってはいたが、そのじつ、文の種類の基本形を分類したり、人間が持つ美質や卓越性（徳）の本質を考察したりする優れた哲学者でもあったことは、プラトンの『プロタゴラス』やディオゲネス・ラエルティオスの『ギリシア哲学者列伝』などから窺い知ることができる。

プロタゴラスは、知性は実在を把握できるのか、という問題については、懐疑主義の立場をとる。あらゆる認識の相対的な有限性を主張するのである。プロタゴラスは、こう述べる。

　人間が万物の尺度である。すなわち、そうあるものどもについては、そうあるということの、そうあらぬものどもについては、そうあらぬということの（尺度である）。（廣川 一九九七、三百六十二頁）

　神々については、彼らが存在するということも、存在しないということも、姿形がどのようであるかということも、私は知ることができない。それというのも、それを知ることを妨げるものが多いからだ。すなわち、（このような主題には）確実性というものがないし、人間の生は短いからなのだ。（同書、三百六十二頁）

　プロタゴラスによれば、存在と非存在はそれ自体として分かれていない（逆に、エレア派の哲学者パルメニデスは、「あるものはある、ないものはない」と主張した）。存在は見る側の尺度によって条件づけられており、人間が万物の尺度である、というのである。また、〈私〉は神の（非）存在を知ることはできない。というのも、人間の生は本質的に有限であり、こうした人間の条件が完全な認識を阻《はば》むからである。

　いかなる認識も絶対的とは言えず、それぞれが持つ条件に応じて、対象は相対的に与えられる。ここで、二つの相対主義が区別される（フッサール 一九六八、百三十五頁以下）。

（一） 個的相対主義——対象は（個的な）主観との関係で規定される。

（二） 種的相対主義——対象は（生物学的な）種との関係で規定される。

個的相対主義によると、個人の心的条件が対象を条件づける。たとえば、AとBが対象Xを見ている場合、AにとってのXとBにとってのXの一致を保証することはできない。AとBは別々の主観であり、相手がXをどう見ているのかは、互いに分からないからである。ついでに言っておけば、ここにCが出てきても、事情は変わらない。AとBの認識が一致することをCが確認しても、それはCの認識にすぎないからだ。この場合、認識対象は諸々の心理学的条件に還元されるだろう（＝心理主義）。

種的相対主義によると、特定の生物学的条件が対象を条件づける。たとえば、人間と猫が同一の対象を見る場合、それぞれの認識は明らかに異なる。猫にとってネズミは獲物だが、人間にとっては害獣にすぎない。猫にとってタマネギは有害だが、人間にとっては食物である。つまり、種的相対主義は対象の認識がズレる理由を各々の生物種に固有の生物学的条件に求めるのである（＝人類主義、生物学主義）。

注目すべきは、個的相対主義であれ種的相対主義であれ、認識と存在のあいだに相関性が成立している、ということである。認識が相対的なものなら、認識された存在も相対的であるほかない。懐疑主義や相対主義を論駁するためには、この認識と存在の相関性の議論を踏まえたうえで──メイヤスーのいう「相関主義」である──確実な認識のための基礎を築かなければならない。

つぎに、ピュロン主義である。ピュロン主義はギリシア南部エリス出身のピュロン（前三六〇頃―前二七〇頃）に始まる。しかし、ピュロンその人自身については、今日ではほとんど資料が残っておらず、詳しいことはよく分かっていない。ピュロン主義を発展させたのは、ピュロンの意志を引き継ぐ後世の哲学者である。以下、セクストス・エンペイリコスによってまとめられた『ピュロン主義哲学の概要』を参照することで、ピュロン主義の基本性格を描写してみよう。

ピュロン主義は、大きく三つのことを主張する。
（一）対立する複数の現われは、信憑性と非信憑性において同等である。
（二）認識者は特定の現われの優位を基礎づけることができない。
（三）対象それ自体の本性については、判断を保留しなければならない（＝エポケー）。
ある対象Xについて、A、B、Cという互いに異なる現われが対立するとき、BやCと比べてAの信憑性が高い、と証明することはできない。もちろん、BやCについても事情は同様で、一般に、ある対象Xについて特定の現われの優位を基礎づけることは不可能である。すなわち、どれか一つをXの真の姿とみなすことはできず、いかなる認識もXの本体に的中することはない、ということである。したがって、対象Xがそれ自体として何であるのかについては、判断を保留しなければならない。

判断保留にいたる道程は、クノッソスのアイネシデモス（前一世紀）がまとめた「十の方式」が具体的に説明する。十の方式は、「判断を行なう者の側から論じる方式」、「判断される対象の側から論じる方式」、「両方から論じる方式」の三つに分けられるが、これら三つは最高類の方式である「相対性の方式」に帰属する。いくつか具体例を見てみよう。

たとえば、感覚について言えば、「蜜は、ある人たちの場合、舌には快いものとして現われるが、目には不快なものとして現われる」（セクストス 一九九八、四十八頁）（＝判断を行なう者の側から論じる方式）。量については、「ブドウ酒は、適量に飲む場合はわれわれを強壮にするが、度を過ごして飲むと身体を衰弱させる」（同書、六十四頁）（＝判断される対象の側から論じる方式）。場所と置かれ方については、「同じオールが、水中では折れ曲がって現われるが、水の外ではまっすぐのものとして現われる」（同書、五十八―五十九頁）（＝両方から論じる方式）。

いずれもユニークな例である。現代科学では、これらは客観的に説明がつく事象にすぎないかもしれない。しかし、特定の現われの認識論的優位を証明しようとすると、これが容易ではないことはすぐに判明する。ワインは身体によいのか、それともわるいのか。ある観点ではよいとも言えるし、別の観点ではわるいとも言える。そうすると、ワインのよしあしはそのつどの観点や条件によって左右される、としか言えなくなるのだ。

以上のことから、ピュロン主義はこう結論づける。私たちは存在がそれ自体として何であるかを決して知ることはできないのだから、存在の本性についての判断を保留しなければならない、と。これは「エポケー」（ἐποχή）と呼ばれる。

ピュロン主義は、デカルト、ヒューム、カント、フッサールに大きな影響を与えて、近代哲学が取り組むことになる認識論を方向づけた。近代哲学を批判する構築主義も、基本的には懐疑主義の論理を言語や社会を媒介にして変奏したものである、と言ってよいだろう。プロタゴラスやピュロン主義が提示した懐疑主義をいかに克服するのか――この問いが近代認識論の通奏低音となり、やがてそれは現象学的還元という方法に結実するのだ。

デカルトの方法的懐疑

セクストスの『ピュロン主義哲学の概要』のラテン語訳が出版されたのは一五六二年で、デカルトはこのラテン語訳を読んで大きな衝撃を受けたといわれている。デカルトは主客一致の認識問題の重要性にいち早く気づき、それを哲学の問題として定式化した。懐疑主義を根本から論駁して、普遍学としての哲学を建設するための方法を準備したのである。

しかし、デカルトが直面していたのは懐疑主義の脅威だけではない。十七世紀は、中世の神学的世界像が徐々に崩れていく、まさにそのときだったからである。旧来の世界秩序が瓦解していくなかで、近代という時代は新しい思考の原理を必要とする。デカルトは、スコラ哲学で支配的だった神学的ドグマとアリストテレス論理学とは別の仕方で、普遍認識の可能性を示すことを余儀なくされたのである。

デカルトの独創は、懐疑主義に独断主義で対抗するのではなく、懐疑主義の立場にあえて身を置いてみて、それまでの類型を破る認識原理を模索したところにある。懐疑主義を克服するためには、むしろ懐疑を徹底してみる必要がある、というのだ。これを「方法的懐疑」と呼ぶ。

およそ疑いうるものをすべて徹底的に疑ってみて、そのうえでなお疑いえないものが残れば、それを思考の始発点にする。これが方法的懐疑の理路である。疑うために疑うのではなく、確実なものを発見するために懐疑を遂行するのだ。したがって、当然、現実世界や学問世界で当たり前に通用していることについても疑ってみて、そこに疑わしさが残るのなら、例外なく判断を保留しなければならない。デカルトは三つのキーワードで考える。

（一）感覚――幻聴や幻覚があるので、感覚は信用できない。
（二）夢――現実と夢を厳密に区分することはできない。すべては夢かもしれない。
（三）悪い霊――狡猾な悪い霊が〈私〉を欺こうとしているかもしれない。

まず、感覚は誤りうるので、信用できない。感覚が疑わしければ、感覚を通して獲得される知識も疑わしいことになるだろう。そうすると、観察によって得られる知識は、その基礎づけを失うことになる。それゆえ、感覚と感覚を通して獲得されたすべての知識は原理的に疑いうる。さらに、デカルトはこう想定する。いま現実だと思っているこの世界は、じつは夢の世界かもしれない――。現実世界が存在することも疑わしいのである。

しかし、算術や幾何学などの理念的世界に関してはどうだろうか。デカルトによれば、それすらも疑いうる。というのも、悪い霊が〈私〉の思考そのものをねじ曲げている可能性を消去できないからである（現代風に言えば、知らぬ間にマッドサイエンティストに脳をいじられているという想定が分かりやすい）。こうして、じつは一切は疑わしいということにデカルトは気づく。

デカルトの懐疑は、疑いうるという可能性に向けられている。現実は夢かもしれない、悪い霊がいるかもしれない――ふつうに考えるなら、これは不必要な想定に思われるだろう。ところが、この現実は夢ではない、悪い霊は存在しない、とも言いきれない。だとすれば、哲学的には、疑う余地はたしかにある、と言わざるをえない。デカルトは想定しうるなかで最もラディカルな懐疑の道を選ぶが、その理由は、徹底的な懐疑だけが軟派な懐疑主義を斥けるからである。

こうして導かれるのが、おそらく哲学史上で最も有名な格率の一つ、「我思う、ゆえに我在り」である。端的に言えば、疑っている作用それ自体は疑いようがない、ということだ。疑いうるものをすべて疑い尽くして、意識作用そのものの不可疑性に辿りつくのである。〈私〉が考えているという事実は、いかなる懐疑の可能性によっても覆されることはない。そして、少なくとも考えているあいだは、考えている〈私〉の存在を否定することもできない。

神の存在と霊魂不滅の観念が徐々に凋落《ちょうらく》し始めた時代、デカルトは〈私〉にとっては疑えない地点を探して、そこから新しい哲学を打ち立てようとした。さまざまな批判はあるにせよ、私は、デカルトの哲学原理はいまもなお有効である、という立場である。思考作用の不可疑性は、神や共同的信念などの超越項に頼ることなしに、それぞれの〈私〉が確かめることのできる認識の底板になっている。逆に、認識一般の根拠を否定するだけの言説は、当の言説の根拠を自ら否定しているにすぎない。

しかし実際には、デカルトは「神の存在証明」によって客観認識の可能性を担保するので、主客一致の認識問題を完全に解決したとは言いがたい。それでも、懐疑主義に独断主義で対抗するのではなく、逆に懐疑を徹底することで懐疑主義を超克する道を示したのは、私の知る限り、哲学史においてデカルトが最初であり、その思考の原理はまったく古びていないのである。

なぜ信念対立は起こるのか

今後の議論のために、もう一つ補助線を引いておこう。それは「信念対立」の問題である。信念対立には、個人の意見の食い違いだけでなく、宗教対立、文化摩擦、学問理論の反目、世界像の抗争などが含まれる。

一般に、認識論においては、独断主義と相対主義という二つの考え方が現われる。独断主義は、真理、実在、実体、本質などの概念を擁護して、合理的世界認識の可能性を追求する。それに対して、相対主義は、認識と存在、そしてそのあいだに挟まっている言語を論理的に相対化することで、独断主義の前提を突き崩そうとする。プラトンのイデア論とソフィストの懐疑主義、普遍論争における実念論と唯名論、近代哲学の大陸合理論とイギリス経験論、そして、現代哲学における新しい実在論と構築主義――。哲学史の教科書の目次を眺めると、独断主義と相対主義の相克が、さまざまな仕方で変奏されてきたことを確認できる。

しかしながら、その対立を調停する原理が近代哲学の努力のなかに隠されていることは、あまりよく知られていない。現代哲学の混乱の根本原因をすでに近代哲学は解明しているのだが、その成果は、帝国主義と全体主義という「人間性の敗北」に帰着した近代全体への反省とともに、葬られてしまったように見える。

「言語論的転回」や「思弁的転回」を高らかに宣言する論者は、近代哲学の認識論をもはや時代遅れの遺産とみなすが、実際のところ、認識の本質を考え抜いた近代哲学こそが、信念対立の理由を解明して〈普遍性〉に至るための準備を整えていたのだ。したがって、現代哲学が真に必要とするのは、いわば「認識論的転回」なのである。

ところで、深刻な信念対立はしばしば暴力と結びついて顕現する。たとえば、近代ヨーロッパ史における宗教戦争では、正しい信仰のあり方をめぐって、多くの人が命を落とした。現代社会におけるテロリズムも、その背後に思想上の対立があるのは、周知の事実だ。

殺しあいで表明されるのは自己の信念だが、それは多くの場合、宗教、民族、国家の信念でもあり、共同体の威信と存在理由を賭して、殺しあいは行なわれる。ガブリエルは世界の非存在を論証することで、世界像一般の背理を説く。が、むしろ本質的な問題は、ともすれば殺しあいになることがある信念を互いに承認するための原理と方法を示せるかどうか、である。現実世界で対立しているのは各共同体が持っている道徳にほかならない。そこで道徳の実在を主張してみても、それではどの共同体の道徳を普遍的実在とみなすのかをめぐって、再び深刻な信念対立が起こるだけである。

複数の人間が何かを決定するとき、私たちは、話しあいによる「合意」か、戦いによる「決着」か、という二つの選択肢しか持たない。もちろん、具体的な手続きは無数にあるだろう。くじ引きやじゃんけんのように、決定を運に任せることもできそうだ。しかし、くじ引きやじゃんけんで決めるということを決定するためには、やはり全員の合意によるか、力の強い者（たち）がそう決めるしかない。

したがって、こう言えるだろう。話しあいによる合意の可能性を断念すれば、必然的に、力の優劣による決着でものごとが進んでいき、すべては闘争によって決まってしまう、と。私は次章で「善の原始契約」という概念を提起してこの問題を考えるつもりだが、合意形成の不可能性は力の論理の勝利以外のなにものでもない。普遍性を断念することはそれほど難しくない。だが、その場合、人間社会のゲームの中心には最強者が君臨することになり、ゲームから脱落して負けた者は、よくてそのまま勝者に隷属するだけの悲惨な生を送ることになる。

だから認識問題は、抽象的な哲学のパズルではなくて、暴力の発現をいかに抑止するのかという現実的かつ実践的な問題にリンクしている。これから見ていく現象学の原理は複数の世界像が現われる必然性を教えるが、しかし同時に、それらを相互承認するための可能性をも示してみせるだろう。そのとき初めて、世界像が抗争する時代に終止符は打たれる。〈普遍性〉をつくっていけるようになるのだ。

二　現象学的還元——〈私〉に世界はどう現われているのか

形而上学的中立性のテーゼ

現象学と形而上学の関係から考えたい。現象学は形而上学的に中立の立場をとる。このことを「形而上学的中立性のテーゼ」と呼んでおこう。しかし、形而上学的に中立であるとは、いったい何を意味するのだろうか。形而上学の意味は論者によってさまざまだが、現象学の「形而上学的中立性のテーゼ」は、意識体験において見出されるものに考察を限定する、ということを意味する。したがって、逆に言えば、意識の外側にある対象を考察するのが形而上学である、ということになる。フッサールは『論理学研究』（一九〇〇—〇一）で、こう論じている。

意識を超越した《心的》および《物理的》実在をわれわれが想定する権利の問題、つまりそれらの実在に関する自然科学者の言表は現実的な意味に理解されるべきか、それとも非本来的な意味に理解されるべきであるか、現出する自然、すなわち自然科学の相関者たる自然に、さらに第二のいっそう高次の意味での超越的世界を対置することに意味と正当性があるかどうか、等々の問題は純粋認識論とは別の事柄である。《外界》の実在と本性の問題は形而上学の問題である。(フッサール 一九七〇、二十七頁。振り仮名は省略)

自然科学や実証的心理学は、意識から独立して存在する「実在」に関する客観的知見を積み上げている。すなわち、自然科学は「自然」を支配する根本法則を、心理学は「心」と「身体」の因果関係を探究するが、これらの学問の対象となっている自然、心、身体はすべて実在的なものであり、したがって、物理法則や心理法則は実在的なものに関する客観的な規則である、とみなされる。さらに、思弁的形而上学は、観察可能な自然を超越して存在する真の実在を措定するだろう。それは世界の本当の姿を推論しようとするのだから。しかし、現象学は実在や超越的世界の本性を考察しない。外的世界の実在とその本性は形而上学の問題であり、現象学はこれにかかわらないのである。

では、どうして現象学は形而上学的に中立の立場をとるのだろうか。この問いに対して、フッサールは、認識論の研究は「無前提性の原理」を充足しなければならないからである、と述べる。これを私なりに言い換えると、こうなる。すなわち、私たちが当たり前に信じている客観的世界の実在や客観的学問の成果を前提せずに、認識の本質というものは考えられなければならない、と。客観や実在ありきの議論では、認識問題を解くことはできないのだ。

無前提性の原理に関しては、しばしば、現象学はそのじつ認識の絶対的基礎づけを目論む形而上学である、と批判されるが、注意すべきは、現象学は認識の基礎単位を見出そうとしているわけではない、ということである。そうではなくて、主客一致の認識問題に取り組むためには、客観や実在を前提せずに、誰もが直接確かめることができる意識体験において、世界確信の根拠を洞察する以外に道はない、と言っているだけなのである。

自然科学の認識は広範な客観性に至ること、形而上学においてはさまざまな理説が対立すること――これらは単に偶然のことがらではなく、そこには認識論的な理由がある。形而上学的中立性のテーゼは、まさにその理由を明らかにするためのものである。思弁的実在論がそう主張するように、現象学は普遍認識を断念する不可知論ではないし、また、現象学の無前提性の原理のなかにポストモダン思想が批判する形而上学的野望は存在しない。形而上学的中立性のテーゼと無前提性の原理は、認識問題を解決するという目的を実現するための手段である、と言わねばならないのだ。この発想の延長線上にあるのが「現象学的還元」である。

自然的態度のなす「一般定立」

現象学の中心原理である現象学的還元は、ひとまず形式的には、「自然的態度」から「現象学的態度」への移行を意味する。以下ではまず、自然的態度の世界を描写してみよう。それは私たちが日常的に経験している世界のことである。

ふつう、私たちは、一つの世界が現実に存在していて、そこに人間、動物、植物、事物などが存在している、と信じているだろう。とはいえ、実際には、このことはあまりにも当然のことなので、多くの人はこの事実を意識すらしていないはずだ。現実世界に〈私〉や猫やパソコンや友人が存在する。〈私〉は、猫を撫でたり、パソコンを使って仕事をしたり、友人とビールを飲んだりする。このような日常的な態度を、フッサールは「自然的態度」と呼ぶのである。ここで注目しておきたいのは、自然的態度においては世界の実在が疑われることはない、という点である。フッサールは、世界の特性をつぎのように描写する。

私は、一つの世界を意識するものである。つまり、空間の中で果てしなく拡がり、時間の中で果てしなく生成しつつありまた生成してきた一つの世界を、である。私がこのような世界を意識するということは、何よりもまず、私がその世界を直接直観的に、現にそこに存在しているものとして、眼前に見出すということ、私がその世界を経験するということ、を、意味する。（フッサール 一九七九、百二十五頁）

現実世界は空間と時間という形式を持つ。たとえば、換気扇の下で煙草を吸ったり、ビーチサンダルで近所の公園に散歩に出かけたり、猫と一緒にお昼寝したり、ネクタイをしめて会社に行ったりするのも、すべて現実世界における特定の空間と時間のうちで起こる出来事であろう。これらの出来事において、世界は現にそこに存在するものとして経験されている。そう言われてみれば、たしかにそのとおりである。

もちろん、世界は単なる物の世界ではなく、〈私〉の意志や行為によって働きかける意味や価値の世界でもある。が、その場合にもやはり、意味や価値は世界の諸々の存在者の側に属するものとして捉えられてはいないだろうか。たとえば、花が美しいのは、「美しさ」という価値が花に備わっているから、というわけである。

経験科学は自然的態度の学問と言ってよい。物理学は自然界で生起する万象を貫く統一法則を追究し、（実証的）心理学は心と身体（脳）の物質的因果連関を研究する。物理学や心理学は、自然、心、身体、脳などが現実に存在することを疑わず、それらの経験可能性に基づいて、客観的な学問として成立する。だから、自然的態度は、生活世界（日常世界）だけでなく、学問世界にも通じている。

さまざまな存在者（事物、動物、他者など）と一つの同じ世界を共有していて、世界のなかで他の存在者に働きかけたり、他の存在者から働きかけられたりする、という自然な信憑を誰もが持っている。客観的世界についてのこの素朴な存在定立は「自然的態度のなす一般定立」と呼ばれる。簡単に言えば、自然的態度のなす一般定立とは、客観的世界が存在することを当たり前に確信していることである。私たちは、たいていの場合、自然的態度のなす一般定立を遂行しているのだ。

ところで、このような世界経験は先に示した主観―客観の図式と本質的には同じものである、ということに気づくだろうか。こちら側に認識する〈私〉が存在していて、あちら側に認識される世界が存在する。ところが、そうであるからこそ、主客一致の認識問題は自然的態度の内側からは決して解くことができない。「認識の可能性は自然的思考にとっては自明である。自然的態度の思考は無限に研究の実をあげ、常に新しい学問によって次から次へと発見を行ない、進歩をつづけているが、しかしこのような自然的思考は認識一般の可能性を問題にするきっかけをもたないのである」（フッサール　一九六五、三十三頁）。まさにこの理由で、フッサールは徹底的な態度変更を要求する。

エポケーと現象学的還元

さて、現象学者は、主客一致の認識問題を解くために、自然的態度のなす一般定立を遮断して、世界を意識との相関性において捉えるという特有の構えを見せる。自然的態度のなす一般定立を遮断する手続きを「エポケー」（先に見たように、もとはピュロン主義の概念である）と呼び、エポケーを遂行したうえで、世界の一切の存在者を意識に還元することを「現象学的還元」と呼ぶ。フッサールはこう論じる。

現象学的な判断停止《エポケー》によって、私は、私の自然な人間的自我と私の心的生活――私の心理学的自己経験の領土――を、私の超越論的現象学的な自我と超越論的現象学的な自己経験の領土へと、還元する〔遡らせる〕。私にとってあらゆる客観とともに存在し、かつて存在したし、これからも存在するであろう、客観的な世界は、私がすでに述べたように、その意味の全体とそれがそのつど私にとって持っている存在の効力とを、私自身から、超越論的な自我としての私から、超越論的な判断停止《エポケー》とともに初めて現われてくる私から、汲んでいるのだ。（フッサール 二〇〇一、五十七頁。〔 〕内は原文）

現象学的エポケーは自然的態度のなす一般定立を停止させるが、そのとき、客観的世界は消えて無くなるのではなく、〈私〉にとっての世界、すなわち、〈私〉の意識で確信された世界として捉え直される。そうすることで、現象学は何をしようとしているのか。端的に言えば、客観的世界が客観的に存在する世界として妥当する条件を、意識体験を反省することで見出そうとしているのである。

〈私〉が〈私〉の認識の外部に立つことは決してできない。ならば、外側に抜け出そうとするのではなく、むしろとことん内側に潜ってみよう、というわけだ。そうして、すべての存在者は〈私〉の意識で構成された対象という新しい意味を獲得する。

ただし、ここで「意識」とはいっても、いわゆる心理学的な意味での「心」ではないということに注意したい。心理学は「心」の実在を前提する自然的態度の学問であり、エポケーの範囲は自然的態度で定立される「心」にも及ぶからである。

フッサールのいう意識は、エポケーを遂行した後にもなお〈私〉が直接見ることのできる非実在的な「超越論的主観性」のことである（少し分かりにくいが、超越論的主観性で「心」は構成されると考えてほしい）。これは「純粋意識」や「超越論的自我」とも呼ばれる。超越論的主観性はさまざまな対象確信がそこで生成する現場のことだと考えればいい。

現象学は、客観的世界が存在しているという自然な信憑をいったん括弧に入れて、客観的世界をそのような世界として確信する条件と構造を意識体験に向かって問う。そうするために、現象学者は方法的に、世界の一切の存在者を超越論的主観性に還元する。だから、「超越論的主観性が可能な意味からなる全体であるとすれば、その外部というのはまさに無意味」（同書、百五十三頁）である。したがって、現象学的態度では、世界の方が意識に含まれるのである。

しかし、ここで注意すべきは、現象学的還元の目的は世界から離れることではなく、むしろ世界をよく見ることにある、ということだ。フランスの著名な現象学者モーリス・メルロ＝ポンティ（一九〇八―六一）はこう述べている。

さまざまな断定を停止するということはそうした断定の存することを否定することではありませんし、ましてやわれわれを物理的・社会的・文化的世界に結びつけている鎖を否認することではなく、逆にそうした結びつきを見ること、意識することです。これが「現象学的還元」というものであり、そしてこの現象学的還元だけが、そうした絶えざる暗黙の断定、各瞬間のわれわれの思考の裏にかくれている「世界の定立」を露呈してくれるのです。（メルロ＝ポンティ 二〇〇一、四十八―四十九頁）

身近な物を例にとって、具体的に考えてみよう。いま、机の上にリンゴがある。自然的態度では、こう考えるはずだ。机の上にリンゴが客観的に存在するので、〈私〉の意識にリンゴの像が与えられている、と。現象学的態度では、この順番を反転させる。すなわち、〈私〉の意識にリンゴの像が与えられているから、〈私〉はそこにリンゴが存在するという確信を持つ、と。つまり、意識への所与（＝条件）によってさまざまなレベルの対象確信は作り出される、と考えるのである。極めてシンプルだが、この態度変更が認識問題を解くためには肝心要である。

この発想でいけば、世界像の抗争はこう考えることができるだろう。誰もが何らかの仕方で世界像を持っているが、特定の世界像の正しさを客観的に証明することは決してできない（＝ピュロン主義の原則）。神が創造した特別な意味を持つ世界、物理的因果連関に貫かれた無目的な世界、始まりも終わりも持たない輪廻《りんね》する世界……。この世界には多くの世界像があるが、そのどれもが一定の条件にしたがって信憑された世界像である。ならば、ここで考えるべきは、〈私〉が特定の世界像を抱くようになった条件、さらに進めば、さまざまな世界像を共存させるための普遍的条件（ルール）である。これが現象学的還元をその原理とする現象学の思考にほかならない。

つまり、こうだ。主観は客観に的中しうるのか、と問うならば、それを論証することはできず、独断主義と相対主義の相克に引きずり込まれる。そこで、フッサールの提案は、主観—客観という図式それ自体を取り払って、意識における確信として客観を考えてみよ、というものである。

竹田青嗣の定式を借りれば、現象学は「確信成立の条件の解明の学」と規定される（竹田　一九八九）。すると、主観と客観の一致ではなく、客観性を成立させている「間主観的な条件」だけが問題になるだろう。このように考えれば、客観とは、「人間であれば誰もが同じように確信できる条件」を備えた対象のことである、と言えそうだ。現象学的還元は「実在をめぐる論争」を抑止するが、そこから導かれるのは「実在を構成する普遍的条件」の考察なのである。

現象学では、意識を「内在」と呼び、意識に依存しない（意識とは独立してある）存在を「超越」と呼ぶ。すると、現象学の根本問題はこう置き直される。すなわち、内在において超越はいかに構成されるのか、である。（超越の構成を論じるから「超越論的」現象学なのだ。）新しい実在論とは反対の図式になっている。

真の認識論は、想定された内在から想定された超越（何らかの原理的に認識不可能と考えられた「物自体」といった超越）への、不合理な推論をするのではなく、もっぱら認識の働きを体系的に解明することに従事するのであり、そこでは、超越は徹頭徹尾、志向的な働きとして理解されねばならない。まさにそれによって、実在的なものであれ理念的なものであれ、あらゆる種類の存在者そのものが、まさにこの働きにおいて構成され、超越論的主観性によって「形成されたもの」として理解されることになる。（フッサール 二〇〇一、百五十四―百五十五頁。振り仮名は省略）

主観から客観に到達するための理路を、そして、世界の本体についての理説をいくら作り上げても、認識問題の本質的解明に至ることはない。というのも、主観と客観の一致を証明することは決してできないからである。しかし、にもかかわらず、普遍認識の可能性は間主観的確信を創出する可能性として残されている。この考えを首尾一貫して持っていたのは、後にも先にも、フッサールだけである。

真の認識論は超越を意識の志向的な働きの相関者として理解するときにのみ可能となる、とフッサールが述べるとき、このことが意味するのは、まず、〈私〉の意識体験において超越がいかに構成されるのかを見てとり、それから、〈私〉と〈他者〉が同一の対象と世界を確信する条件を――しかし、あくまでも〈私〉の意識体験において――探究しよう、ということである。したがって、人間の条件の共通性が、言い換えれば、複数の〈私〉が同じように持っている条件が、〈普遍性〉をつくっていくための基礎条件となるのである。

現象学は「実在」をどう考えるのか

では、現象学の方法を用いると、「実在」の本質をどう言えるのだろうか。以下、フッサールによる実在の本質分析を簡潔にまとめてみよう。

フッサールは、超越論的観念論としての現象学の性格を、つぎのように描写する。

現象学的観念論は、実在的世界（そしてまずもっては自然の）現実的存在などを、否定したりするものではない。〔中略〕現象学的観念論の唯一の課題と作業は、この世界の意味を解明することにあり、正確に言えば、この世界が万人にとって現実的に存在するものとして妥当しかつ現実的な権利をもって妥当しているゆえんの、ほかならぬその意味を、解明することにあるのである。（フッサール 一九七九、三十二頁）

現象学者は現象学的還元を遂行して、実在的世界を「志向的意味」（意識に相関する意味）として捉える。しかし、世界の存在を仮象とみなして、それを否定することはしないし、ましてや現実に存在するのは意識世界だけであるとは考えない。そうではなくて、実在の意味を理解するために現象学的態度に移行するのである。

意識にとって実在はどのような性格を持つだろうか。換言すれば、どのような条件があるときに、私たちはある対象の実在を確信するのだろうか。フッサールはこう書いている。

> つまり、ひとまとまりの完結した意識のうちでは決して完璧に規定されかつ同じく完璧に直観されて与えられえないような諸対象が、存在するのであり——そして実は、自然もしくは世界という名称によって包括されるような一切の超越的対象、一切の「実在」は、こうした諸対象に属するのである。（フッサール 一九八四、二三三頁）

フッサールによると、それが完璧には規定されず、完全には直観されないということが、実在というものの本質である。つまり、実在の認識には必ず未規定の地平が残り続ける。実在の完全な所与は一つの「理念」としてのみ可能である。実在をまるごと経験することはできなくても、無限性という理念において描かれる実在であれば、それを見ることはできるからである。可能的経験が無限に進行していき、その無限の現出が一つの理念的対象にまとめあげられたものこそ、「実在」にほかならない、というのである。

現代実在論は、人間とは無関係にある実在を根拠にして、観念論を批判する。しかし、フッサールの分析にしたがえば、実在は理念としてのみ直観される。これが実在の意味の現象学的解明なのである。ここで注目すべきは、フッサールは実在の本質を、読者が意識で追体験していけるような形で記述している、ということである。それに比べると、現代実在論の主張は極めて恣意的になされていることが分かるだろう。言葉を自由に組み立てれば、世界の本当の姿をいかようにでも描いてみせられる。そこに一定の面白さがあるのは否定できないにしても、そういうやり方では〈普遍性〉の哲学は成立しない、ということが肝心である。

ところで、実在は、〈私〉にとってだけ存在する対象ではなくて、間主観的に確信された対象でもある。誰もがその対象を現実世界にある対象として同じように確信しているということが、実在の意味のなかに含まれているからである。「したがって、超越論的な諸主観共存性こそは、そのうちで実在的世界が客観的なものとして、『万人』にとって存在するものとして、構成されてくるゆえんのものなのである」（フッサール 一九七九、三十四頁）。実在は一つの理念として与えられるが、それは間主観的に共有される理念でもあるのだ。

意識の本質とは何か――志向性

現象学は意識の本質を「志向性」という概念で考える。志向性はスコラ哲学に由来し、フランツ・ブレンターノ（一八三八―一九一七）の記述心理学で新しい意味を獲得するが、フッサールは師ブレンターノからこの概念を継承して、意識体験の本質構造を探究する現象学の中心に据えた。

先に述べたように、現象学の意識は、実在としてある心ではなく、還元によって純化された非実在的な諸現象が与えられる超越論的主観性を意味する。この意識は現象学的還元を実行することでたしかに見出される意識なのだが、世界のどこかに実在するようなものではない。知覚、意味、情動が与えられる場所、対象確信がそのつど生成している現場のことである。一言でいえば、現象学的態度で見られた意識が超越論的主観性なのである。

さて、志向性とは、意識は必ず何ものかについての意識であり、意識はそれ自身のうちに対象を含んでいるという意識特有の性質である。たとえば、リンゴを知覚する作用においては、知覚されたリンゴが意識に含まれている。猫のシェーラーを愛する作用においては、愛されたシェーラーが意識に含まれている。ハイデッガーは現象学を誤解している、と判断する作用では、判断された命題が意識に含まれている、等々である。

意識についての異なる見解を検討することで、志向性の特徴をより明確にしてみよう。まず、意識は容器のようなもので、そこにさまざまな内容物が入ってくる、という一般像がある。しかし、意識をよく反省してみると、意識はつねに何らかの対象についての意識になっていることが分かるはずだ。空っぽの意識は存在しない。意識はそこにさまざまな対象が絶えず現われている一つの時間的流れ（＝体験流）なのである。

また、意識はビデオカメラに似ていて、それは外的世界を映し出している、というイメージを持つ人もいるかもしれない。この場合、意識にはつねに何らかの対象が映っているわけだから、意識は時間的流れとして説明可能になる。ところが、ビデオカメラ図式の難点は、何かに向かっているという意識の性質を説明できないことである。

たしかに私たちは、ぼんやりと外界を眺めているだけのこともある。そのとき、意識はビデオカメラのように外界の映像を映している。しかし、視界に好きな人が現われるなら、とたんにその人に釘付けになるだろう。あるいは、不審な人が前から近づいてきたら、その動きを注視し警戒するにちがいない。つまり、意識はそのつどの目的、関心、欲望に応じて世界を分節しつつ、そこに現われる対象を評価しているのだ。ビデオカメラにそのような機能はついていない。意識は単に受動的に外界からの情報を受け取るだけではなく、むしろ積極的に世界へとかかわっている、ということである。

では、志向性の構造をさらに詳しく見てみよう。意識体験を反省してみると、二つの契機を取りだせる。一つは、意識作用の側面で、これは「ノエシス」と呼ばれる。もう一つは、意識対象の側面で、「ノエマ」と呼ばれる。志向性によって成立する意識体験（＝志向的体験）は、ノエシスとノエマという二つの契機から構成されており、どのようなノエシスにも必ずノエマが伴うのである。

知覚体験を例にとって考えてみよう。リンゴを知覚する際の意識体験は、こうなっていないだろうか。まず、意識には赤くて、丸くて、つやつやしたリンゴの像が与えられているが、そのとき、リンゴに向かう知覚作用はその知覚像と一体化している（したがって、細かく区分すると、ノエシスは、素材の感覚的成素（＝ヒュレー（質量）的契機）と、志向的に統握し意味を付与する作用（＝ノエシス的契機）に分けることができる）。このように、リンゴを知覚する作用がノエシスである。

ここで着目したいのは、どの角度からリンゴを眺めても、リンゴ全体が意識に与えられることはなく（これが可能になるのは、たとえば人間の身体が球体で、内側が全部眼になっており、対象を体内に取り込んだ場合である。しかしそうなると、対象と距離を保つための遠隔知覚の意義はなくなる）リンゴは必ずある一面性においてしか与えられないことである。こうした事物知覚の一面性を、現象学では「射映《しゃえい》」と呼ぶ。

意識にはリンゴの射映が与えられているにすぎない。しかし意識は――その一面的な所与を超えて――「リンゴ」という一つの対象（意味）を把握する。すなわち、「知覚されたリンゴそのもの」という意味が意識には与えられている。この対象性（意味）の側面がノエマである。

したがって、ノエマは意識体験に実的に属してはおらず、それはノエシスによって志向的に構成されたものだ、とも言える。しかし、このことは意識体験の不完全さを意味せず、むしろ「それぞれの意識に含まれている、この『自らを越えて思念する』ということは、意識の本質的契機と見なされねばならない」（フッサール 二〇〇一、九十一頁）。谷徹が言うように、「志向的体験がつねにすでに働いており、その働きのなかで現出はつねにすでに現出者へと向けていわば突破されている、ということである」（谷 一九九八、九十六頁）。意識は、意識に実際に与えられる「現われ」を突破して、対象そのものが何であるか（対象全体の意味）の把握に努める。だから、ノエシスは志向的体験の実的成素、ノエマは志向的構成要素と規定される。

まとめよう。意識は、意識に対するそのつどの所与から、その対象が何であるかを（自動的に）構成する。つまり、対象確信は一定の条件によって成立するのである。これを逆から見れば、対象確信の条件を取りだすという作業になるだろう。この対象確信の条件を考えていくという発想が、意識体験の本質学としての現象学のユニークなアイディアにほかならない。

すべての認識の根拠――明証と直観

デカルトは方法的懐疑を突きつめた先に、思考作用の不可疑性を見出して、そこから近代哲学を始発させた。現象学も同様の問題に直面する。現象学者が一切を意識に還元したとしても、ノエシス―ノエマの二項構造からなる志向的体験そのものが疑わしければ、これは単なる相対主義と変わらない。すなわち、意識体験の内側に認識の根拠がないとしたら、プロタゴラスの懐疑主義と大差ないことになってしまうのである。

しかし、そもそも「疑わしい」とはどのような体験だろうか。たとえば、Aが「宇宙は大きな猫が見ている夢にちがいない」と言う。そこでBが「あなたの言っていることは疑わしい」と応答する場合、Bは「宇宙は神が創ったものだ」と信じているのかもしれないし、「宇宙の発生について確実なことは何も言えない」と考えているのかもしれない。目の前にあるリンゴの存在を疑う場合はどうだろうか。リンゴの存在を疑っている人は、何らかの理由でリンゴは存在しないかもしれない、と思っているにちがいない。

以上を踏まえると、懐疑の体験では、疑われている対象の別の存在可能性が志向されている、と言えそうである。この可能性にはもちろん、対象の非存在の可能性も含まれる。だとすれば、意識体験が不可疑性を持つことを論証するためには、それが別のありかたをしていることは考えられない、ということが示されねばならない。フッサールは、つぎのように論じる。

世界の定立は、一つの「偶然的な」定立であるから、したがってそうした世界の定立に対しては、私の純粋な自我と自我生活の定立が、対立するわけであって、後者の定立は、一つの「必然的な」、全く疑いのない定立なのである。生身のありありとしたありさまで与えられる事物的なものはすべて、その生身のありありとした所与性にもかかわらず、存在しないこともありうるのである。生身のありありとしたありさまで与えられる体験は、存在しないこともありうるということは全くないのである。（フッサール 一九七九、二百頁。強調は省略）

世界（超越）と自我（内在）が対立的に捉えられている。世界は一つの偶然的な定立なのだから、世界にある外的事物の存在は、それがどれだけはっきりと見えていても、存在しないことがありうる。たとえば、目の前にあるリンゴは、じつは自分だけに見えているリンゴかもしれない。あるいは、極度の空腹に耐えかねて見てしまった幻覚かもしれない。たとえそれを実際に食べてみて本物のリンゴだと確信したとしても、食べた後で、それが色、形、味の点で科学的に精巧に再現された人工物だったと判明することは十分ありうる。だから、いかにそれらしく思えても、超越的知覚には可疑性が残り続ける。

それに対して、意識体験の場合、リンゴがリンゴとして意識に与えられているという所与の事実は別の可能性を含まない。かりにリンゴが本当は存在していないとしても、意識体験に与えられているリンゴの知覚像と「リンゴ」という意味を、それ以上疑うことは決してできない。じつは世界そのものが存在していないとしても、意識体験に何らかの対象が与えられているなら、そのことは否定しようがない。知覚の知覚としての内在的知覚は原理的に不可疑なのである。

つまり、こうだ。反省的に確かめられた意識体験が、別のありかたをしていることはありえない。だから、意識体験において見出されるということが——さしあたり、少なくとも〈私〉にとっては——不可疑性の条件になる。そして、先に見たように、意識体験はノエシス—ノエマという構造を有するのだから、不可疑性の範囲は意識作用だけでなく意識対象にも及ぶことになるだろう（ここでの意識対象は内在的対象であって、超越的対象ではないことに注意したい）。現象学では、対象を直接に見ることを「直観」と呼び、対象それ自身が意識に与えられることを「明証」と呼ぶ。直観はあらゆる認識の正当性の源泉であり、直観を通じて対象それ自身が意識に与えられているとき、その対象の自己所与性はそれ以上疑えない。この場合に、私たちは対象についての明証、すなわち、認識対象についての不可疑性の根拠を所有する、と言えるのである。

したがって、こうまとめることができる。対象それ自身が意識に与えられているなら、〈私〉はそこから出発しなければならない、と。現象学はいわば「直観の学」であり、直観と明証という二つの契機が、現象学者がいつもそこに還っていくべき認識の根拠なのである。

さて、一切の諸原理の中でもとりわけ肝心要の原理というものがある。それはすなわち、こういうものである。すべての原的に与える働きをする直観こそは、認識の正当性の源泉であるということ、つまり、われわれに対し「直観」のうちで原的に、（いわばその生身のありありとした現実性において）、呈示されてくるすべてのものは、それが自分を与えてくるとおりのままに、しかしまた、それがその際自分を与えてくる限界内においてのみ、端的に受け取られねばならないということ、これである。（同書、百十七頁。強調は省略）

原的に与える働きをする直観とは、対象それ自身を直接に与える働きをする直観のことだが（たとえば、知覚は対象を原的に与えるが、想像や想起は与えない）、フッサールによると、直観のうちで呈示されたものは、それが与えられているように受け取られなければならない。意識に与えられたものに対して、何かを足したり引いたりすることなく、それをあるがままに受け取ることが普遍認識のための第一歩である、というのだ。その具体的な手順については、次節で改めて考えることにしよう。

何のために現象学的還元を遂行するのか

特定の世界理説を絶対化する独断論の問題点は明らかである。独断論が一つの場合には、多様な世界認識の可能性が消滅するし、独断論が複数ある場合には、複数の理論が互いに激しく争うことになる。しかし、それぞれの独断論者は自らの世界認識の絶対性に固執しているため、議論はどうしても平行線を辿らざるをえない。このことは現代実在論のいまの状況にそのまま当てはまる。

では、相対主義に哲学の可能性はあるのか。相対主義は独断論を徹底的に批判する。たとえば、ポストモダン思想はマルクス主義の独断性を解体する方向に舵をとった。一つの絶対的理想よりは複数の相対的理想のほうがよい、というわけである。

たしかに、相対主義においては、認識の複数性や生き方の多様性は肯定されるかもしれない。しかしながら、普遍性を喪失した相対主義が「力」による決定に対抗できるだろうか。その論理では——おそらく不本意ながらにではあるが——自由、人権、正義といった社会の基礎概念も文化的多様性に解消されてしまう。そうして最後には、弱肉強食のゲームに対抗することができず、（最）強者がすべてを決定する社会を容認せざるをえなくなる。現実や真実は任意に操作可能であるという巨大な幻想を、相対主義は拒絶できないのだ。

フッサールの非凡な点は、独断主義と相対主義という二つの主張が現われる根本原因を主客一致の認識問題に見てとり、主観—客観のパラダイムを転換することで、認識論のアポリアをその内側から打ち破ったことである。現象学的還元による認識論の構造転換は、特定の認識を絶対化することなく、普遍認識を成立させる可能性を拓くのである。

だから、現象学的還元は、実在をめぐる論争を抑止しつつ〈普遍性〉をつくるために採用される目的相関的な方法原理とみなされなければならない。フッサールは、実在は意識によって構成されたものにすぎない、または、意識こそが唯一の実体である、と主張してはいない。そうではなくて、独断主義と相対主義の相克を終わらせて、〈普遍性〉の哲学を再建するためには、いったんすべてを意識に還元して〈私〉の対象確信の条件を取りだし、そこからもう一度、他者（間主観性）に向かって問う以外に道はない、と言っているのである。

逆に言えば、相対的立場にとどまりたい場合や、あくまでも独断的研究を継続したい場合には、（フッサール）現象学は役に立たないだろう。たとえば、現代実在論の文脈では、現象学者は物自体を認識できないので、その現実認識には明確な限界がある、と批判される。しかし、この批判が現象学の根本動機に対する無理解から出たものであることは言うまでもない。現象学者は物自体を認識できないのではなく、認識問題を解くために、物自体についての判断を保留するのだから。この点を理解することなしに、さまざまに異なる実在論を旗揚げしても、かえって独断主義の限界を露呈するだけである。

もちろん、現象学は万能の方法ではない。それは〈普遍性〉を創出する動機がある場合に役立つ考え方の原理なのだから（ここでは、現象学が持つと思われるその他の動機や、現象学的方法の実践的応用については措《お》いておく）、現象学を用いれば世界の一切が明らかになるわけではない。

意識体験を反省して対象確信の条件と構造を取りだす試みは、〈私〉がその対象にどのように関わっているのか、〈私〉はいかなる関心で世界を眺めているのか、〈私〉の感受性や価値観はどのようなものなのかを一つずつ批判的に検証していく作業でもある。認識論的な意識の絶対性は、存在論的な自己の絶対性を意味しない。〈私〉は、同じ世界に住む複数の〈私〉の意識の絶対性を自覚しながら、自らの世界認識のありようとその妥当性（もしくはその独断性）を確かめていく必要がある。この作業は信念体系の批判的な検証のプロセスと言うべきものであって、独断論や独我論ではないし、ましてや形而上学ではない。

三　本質直観――〈普遍性〉をつくる哲学の方法

事実と本質

現象学において、偶然的かつ個別的な「事実」と、必然的かつ普遍的な「本質」は区別される。これら二つの対象性に対応する形で、「個的直観」と「本質直観」、そして「事実学」と「本質学」がそれぞれ規定されることになる。以下、事実と本質の特徴から考えてみよう。

端的には、事実は個々の具体的な存在者、本質は存在者の（類的）意味である。たとえば、現実世界にあるリンゴは個物（＝事実）だが、そのリンゴは「リンゴ」という意味（＝本質）を持つだろう。リンゴが腐ったとしても、リンゴの意味は腐らない。さらには、すべてのリンゴがリンゴの本質を共有しているのに対して、それぞれの具体的なリンゴは互いに独立している。以上のことから、事実と本質は別々の特徴を有することが分かる。

ところで私たちは、目の前の具体的なリンゴからリンゴ一般の意味に視線を向けることができるし、反対に、リンゴ一般の意味からその意味の外延（意味の適用範囲）にある具体的なリンゴを思い浮かべることもできる。事実と本質は、互いに異なる性質を持ちながらも、相互的な関係にあるのだ。

ここでは、つぎのことが重要である。すなわち、事実と本質の区別は、一切の経験と無関係になされているのではなく、あくまでも意識体験を反省することで見出される、ということである。本質という概念からプラトンのイデア論を想起する人も多いかもしれないが、現象学（本質学）とイデア主義は性格を異にする。現象学的本質主義は、認識論的に修正された、いわば「新しい本質主義」だと言えるからである（そうでなければ、構築主義の本質主義批判には耐えられない）。

現象界とイデア界という独断的世界図式を現象学は引き継いでいない。イデアがこの世界の彼方に実在する「超越的本質」であるのに対して、現象学の本質は意識体験において見出される「内在的本質」である。すなわち、現象学の本質は実体や実在とは無関係であり、経験の内側で出会われるものなのだ。このことについては、次章で詳しく論じよう。

フッサールによると、事実と本質には、それぞれ別々の直観が対応する。事実の直観は「個的直観」、本質の直観は「本質直観」と呼ばれる。具体的に言えば、リンゴを見るのが個的直観で、リンゴの意味を見るのが本質直観である。さて、私たちはようやく認識の正当性の源泉の正体を見極めることができる。個々の事実を見る個的直観と、さまざまな事実に共通する本質を見る本質直観が、一切の認識の正当性の源泉なのだ。

事実と本質の場合と同じく、個的直観と本質直観もまた意識体験において区別されるが、これらは対象認識の場面では互いに支え合っている。事実を持たない本質はないし、本質を持たない事実もないのだから、個的直観と本質直観は対象認識の際の等根源的な契機として考えられている。どちらかが優位にあるわけではない。とはいえ、現象学の中心的主題は「本質」である。だから、現象学者の関心は本質直観と本質学の方に向けられることになる。

事実学と本質学

フッサールによると、学問は事実学と本質学の二つに分類される。事実学は事実を対象とする経験科学で、本質学は本質（意味、理念、価値）を対象とする諸学である。完全には重ならないが、事実学は量的研究で本質学は質的研究である、と言ったほうが分かりやすい人もいるかもしれない。

事実学を代表するのは、「自然の数学化」によって広範な客観性を創出することに成功した自然科学である。その方法を援用する心理学、社会学、歴史学、教育学、経済学などの実証科学も含まれる。事実学の目標は、未知の現象を量化して、事実と事実のあいだの因果的相関性を確定することである。

本質学を代表するのは、数学や論理学である。数や公理、論理的概念や論理法則は、誰がいつどこで扱っても同一性を保つ理念的なものであろう（科学哲学やネオプラグマティズムの文脈をよく知る読者は疑問を持つだろうが、少なくともフッサールはそのように考えていた）。算術や論理学は、事象の内実を捨象した形式や範疇を対象とするので、「形式的存在論」と呼ばれる。

もう一つ、別の種類の本質学がある。プラトンのイデア論に代表される伝統的本質主義、意味や価値を対象にする（実証的方法を用いない）心理学、社会学、教育学、看護学などの学問、人文科学や社会科学の質的研究、そしてもちろん、意識体験の本質学として現象学がここに含まれる。形式的存在論とは異なり、これらの諸学科は質料的な内実を持ち、特定の領域を構成するので（無差別に適用可能な形式を扱わない）、「領域的存在論」と呼ばれる。したがって、本質学全体は、「形式的存在論」と「領域的存在論」という二つの種類の存在論から構成される。ただし繰り返すが、現象学は領域的存在論である。

事実学と本質学の違いを理解するために、一つ例を出そう。ゲーテの『色彩論』（一八一〇）である。ゲーテは『ファウスト』や『若きウェルテルの悩み』などの作品で知られる有名なドイツの作家だが、自然科学者でもあったことは、あまりよく知られていない。彼は「色彩」というテーマに関して、事実学と本質学を横断する興味深い研究成果を残している。

『色彩論』のなかで、ゲーテは、生理的、物理的、化学的観点から色を分析しているが、それらとあわせて、さまざまな色が精神に及ぼす意味についても考えを巡らせている。たとえば、青は、光学的には、プリズムによって分散した光のスペクトルの一つとして見出される。化学的には、銅が酸化した場合に観察されうる。これらは事実学の分析である。しかし、青の性質はそれだけではない。ゲーテによると、青は何か暗いものを伴っており、この色は寒いという感情を与える。「青いガラスは対象をもの悲しげに見せる」（ゲーテ 二〇〇一、三百八十五頁）。

ゲーテの考察は、事実と本質の違いをよく理解させる。色は事実と事実の因果連関において規定されうるが、と同時に、精神にある印象を与えることで陽気や憂鬱といった情動を喚起したり、その色が象徴する意味（白はけがれがない、黒は喪に服す、など）をもたらしたりもする。色彩の本質学は言葉にするのが最も困難な領域の一つではあるが、たしかに私たちは、色が与える情動や意味の秩序を生きている。

一つ注意しよう。現象学は意識体験の本質学なのだが、現象学が扱う「意識」という領域は、自然、心、社会、精神、歴史、教育などの諸領域に並列してはいない。現象学は数ある本質学のうちの一つではない、ということである。二つの理由がある。

（一）現象学の意識は、現象学的還元によって開示される超越論的主観性であり、そこで一切の対象が構成される非実在的な現場である。したがって、他の本質学とは異なり、対象領域が実在的なものではない。超越論的主観性は世界に実在しない。それは方法的な態度変更によって初めて獲得されるのである。

（二）現象学は意識体験の学である。しかし、その意識体験には、およそ生の途上で遭遇するすべての現象が含まれている。自然、心、社会、精神、歴史、教育といった既存の学問が対象とする領域、さらには、事物世界、動物世界、人間世界、文化世界、学問世界、客観的世界など世界構成に関わる領域、あるいは、愛、言語、差別、自由、正義、法、善、美、真理などの抽象概念や、なつかしさ、かなしみ、怒り、不安、恐れなどの情動も、現象学的に言えば、意識で体験されるものである。
まとめよう。現象学の方法を使えば、最も広い意味における「対象」の意味本質を——しかも、認識論的正当性に基づいて——洞察することができる。すなわち、現象学的還元と本質直観が〈普遍性〉の哲学の根本原理である。しかもこれらは、私の見るところ、哲学に限らず普遍性を必要とするすべての領域において、考え方の基本指針となりうるものである。したがって、既存の本質学の「超越論的転回」が可能なのである。しかし、本質直観とはいかなる方法なのだろうか。

本質直観の手続き

ある対象を認識するとき、意識には対象の知覚像と意味の両方が与えられる。対象の意味を見ることをフッサールは本質直観と呼ぶが、よく省みると、そのつどの認識における対象の「意味」の所与と対象の「本質」は一致するのか、という疑問が残る。そのつど与えられる対象の意味も、対象が何であるかを規定する本質も、たしかに両方とも理念的なものではあるのだが、これらをきちんと区別しておくことは、本質直観の方法を整理するうえで有効である。

一般に、ある対象を見るとき、私たちは特定の関心に基づいて、その対象を見ている。喉が渇いていれば、水は飲み物として現象するし、手が汚れていれば、水は汚れを落とすものとして現象するだろう。日本にいれば水はありふれたものだが、砂漠では貴重なものである。このように、具体的な認識の場面では、特定の関心や状況に応じて、対象が何であるかを――多くの場合、一瞥のうちに――私たちは了解している。しかし、当然のことながら、水の意味は水が持つ一般的性質を基礎にして現われるのだから、その現出は際限なく自由である、というわけにはいかない（たとえば、酔っぱらって気持ちよくなるために、水を利用することはできない）。したがって、水の意味は一定の仕方であらかじめ下図を描かれている、と言ってよいだろう。

それに対して、水の本質は、すべての水に共有されていて（＝普遍性）、水が水であるために必ず持っている（＝必然性）性質である。だとすれば、本質直観にとっては、そのつど与えられる水の意味だけでは、明らかに不十分である。というのも、その時々の関心や状況、そして、それらと相関的に現われる水の意味だけを頼りにしていては――その意味が狭すぎるにせよ、広すぎるにせよ――すべての水に共通する性質を明瞭に捉えることは難しくなるからだ。さらに言えば、対象認識の場面では、水の偶然的な性質が与えられることもある。

以上のことから、本質直観は一定の方法的手続きを要求することが分かる。本質は、対象を見た瞬間に与えられる意味とは異なり、瞬時に完全に把握されることはほとんどない（一＋一＝二のような例は別である）。本質を洞察するためには、一定の手順を踏む必要がある。しかし、その最初の手がかりは、意識体験に与えられる個別的な意味にある。

フッサール自身、本質直観という方法に関しては、生涯にわたって何度も再考した。また、フッサール以後の現象学研究においても、本質直観を理論的もしくは実践的に展開しようとする試みは、いくつも現われている。本書でそのすべてを紹介することはできないが、以下、重要な点にしぼって概観する（学術的な議論については、岩内 二〇二〇を参照してほしい）。

本質を獲得するためには、いかなる手続きが必要なのか。『経験と判断』でのフッサールの記述をまとめると、本質直観は三つの段階に分けられる。

（一） 任意の範例から出発し、自由変更によってさまざまな変項を産出する段階。

（二） 産出された諸変項が重なりあい、本質（不変項）が受動的に構成される段階。

（三） 受動的に構成された本質を能動的に把握する段階。

説明しよう。たとえば、椅子の本質を洞察する場合、まず、現象学者は具体的な椅子（範例）から出発する。そのとき、範例は現実のものでも想像のものでもかまわない。想像された椅子も、現実の椅子と同じ本質を共有しているからである（実際に比べてみてほしい）。

つぎに、最初の範例から出発して、他のさまざまな椅子（変項）を自由に想像してみる。黒い木製の椅子、ピンクのハート形の椅子、子ども用の小さな椅子……。無限にあるだろう。これらは、色、形、材質、大きさなどの点で異なるが、自由な変更を通して互いに重なり合うなかで、これらに共通する不変項が自動的に現われてくる。たとえば、床から一定の高さに腰かけるための平らな部分がある、足がついている、等々である。それに対して、背もたれやクッションは、椅子によっては付いていない場合もあるので、椅子の偶然的な要素である。そうして、すべての椅子に共通する本質を見てとるのが、本質直観の基本的なプロセスである。

こんどは、事物存在の本質を考えてみよう。椅子から出発して、コーヒーカップ、パソコン、ポロシャツ、本、リンゴ、等々と、任意の事物を自由に想像してみる。それぞれの事物は多くの点で異なるが、すべての事物は必ず空間に一定の位置を占めている。このような事物の性質を哲学では「延長」と呼ぶ。これはすべての事物に共通していて、またすべての人間が同じように洞察できる性質である（空間の一部を占めていない事物を想像できるだろうか）。

以上のように、本質直観は三つの段階から成る。ここで注意したいのは、本質直観は現象学的還元による態度変更を前提する、ということだ。繰り返しになるが、本質は事実（経験）を支えている構造なのだから、事実から離れた実体として存在してはいない。本質はどこまでも意識の相関概念なのである。

本質直観の問題点

本質直観には三つの問題がある。

（a）自由変更には循環構造がある。また、自由変更を完了するタイミングが分からない（フッサールは、「任意に以下同様」という意識が自由変更を終わらせる、と考えていた）。

（b）知覚を基礎にして考えているので、抽象的な概念やことがらの場合に、フッサールの図式をそのまま適用できない。

（c）〈私〉の意識で直観された本質は、他者の意識でも同じように直観されうることが前提になっている。直観された本質の相対性と間主観性が十分に考慮されていない。

以下、順に見ていこう。

（a）自由変更の循環構造と完了の問題

たとえば、椅子の本質を考える場合、自由変更は任意の椅子を選ぶことから始まるが、それを選ぶためには、その本質をあらかじめ知っている必要があるだろう。すると、本質を獲得するための手続きであるはずの自由変更が、本質についての事前の了解を要求していることになる。これが自由変更の循環構造と呼ばれる問題である。

さらに、純粋な可能性としては、自由変更は無限に続くだろう。それでは、どのくらい自由変更を継続すれば本質獲得のために十分と言えるのだろうか。自由変更を終わらせるための明確な基準はあるのだろうか。これがいわゆる自由変更の完了の問題である。

しかし、自由変更の始まりと終わりに関するこれらの問題は、実際には、本質直観の致命的な欠陥にはならない。まず、自由変更の循環構造は、そのじつ正当なものだと言える。というのも、本質は日常的な世界認識にその根拠を持っており、私たちは生活世界のなかで、日頃から意味や本質に関与しているからである。たとえば、リンゴの本質を一定の仕方で了解していないと、ブドウやバナナとリンゴを区別することはできない。この点で言えば、自由変更は私たちの世界認識のありようを明確にしていくための作業であり、そこに循環構造があるのは当然なのだ。

自由変更の完了の問題はどうだろうか。たしかに、自由変更を完了する絶対的な基準は存在しない。だが、それは現象学の本質が未来の検証に開かれていることを意味する。絶対的な基準は存在しない。これはつまり、必要に応じていつでも自由変更を再び開始することができる、ということである。本質は絶対的真理ではないし、それは一挙に獲得されるようなものでもない。本質直観は時間的なプロセスとして、すなわち「間主観的－歴史的プロジェクト」として理解されるべきなのである。

（b）概念やことがらの本質直観

フッサールは知覚をモデルに自由変更を考えているので、概念やことがらの本質を考える場合、フッサールの手順をそのまま当てはめるのは難しい。目に見える机であれば、さまざまな変項の重なり合いという表現は適当だが、たとえば「差別」の場合はどうだろうか。さまざまな差別の事例が重なり合う。分からなくもないが、具体的にイメージしにくい。

私の見るところ、概念やことがらの本質直観を行なう場合、自由変更の前に、対象を支えている条件と構造を考えることがより重要な契機となる。受動的（自動的）に本質が構成されるというよりは、対象の本質を積極的に見定めようとする洞察が必要になる、ということだ。もちろん、これは試行錯誤の過程でもある。対象の本質をよく見て、それをより適切に表現しようとする努力を伴うからである。

とはいえ、自由変更のプロセスが無用になるわけではない。この本質はすべての個別的事例に当てはまるだろうか、他の人も同じように取りだせるだろうか。このような仕方で、本質洞察をより広い〈普遍性〉へと進めていくために、自由変更という方法は有効なのである。

差別の本質を例にとろう。ここでは区別との違いを手がかりにしてみる。たとえば、赤と青を区別する場合、そこに意味の分節は存在するが、価値のヒエラルキーは入っていない。赤と青は違うものだが、どちらかが優位にあるわけではないだろう。区別は二つの対象のあいだに線を引くだけなのである。

差別の場合はどうだろうか。区別の場合とは異なり、価値の優劣が入り込んでいないだろうか。和人によるアイヌ差別のなかには、アイヌは和人に比べて劣っている、という価値が含まれている。もちろん、逆の場合もある。アイヌが和人を差別する場合、そこでは和人よりもアイヌの方が上である、という意識が働いているだろう。差別は単に線を引いているのではなく、線引きを通じて価値のヒエラルキーを生み出しているのである。

差別に利用されるのは、不可避的な帰属意識である。アイヌであることを選ぶことはできない。ただそのような集団に生まれてきたというだけである。だからこそ、差別にあうと、差別された側はそこから抜け出せない感覚を覚える。個人と個人の価値観が対立するのではない。差別によって否定されるのは、自分だけではなく、多くの場合、自分の親であり兄弟であり友人である。特定の帰属意識にレッテルを貼り、その価値を自分の属する集団と比べて低く見積もるのである。

しかしながら、いかなる集団に帰属しているのかということを規準にして、価値に優劣がつく合理的な理由はない。だから、差別を受けた人間は、自分がどうして差別を受けるのかが分からず、自分自身のことを責めるようになる。何らかの理由を見つけようとするが、それは見当たらず、自分を否定することになってしまうのだ。（以上、差別の本質については、大阪経済法科大学の金泰明教授との対話から大きな示唆を得ている。）

価値の優劣、不可避的な帰属意識の利用、合理的理由の欠如といった構造は、民族差別だけではなく、人種差別、性差別、老人差別、障がい者差別などの他の事例にも妥当するだろう。これが概念やことがらについての本質直観の具体的なプロセスである。紙幅の都合上、あっさりと書いてしまったが、本質直観のおおよその歩みはつかめたはずだ。

もちろん、ここで論じた差別の本質は、差別のすべての側面を表現してはいない。しかし、差別のような抽象概念にも一定の共通構造があることを確かめることができたのではないだろうか。さらに考察を進めていけば、差別という現象を支える別の本質契機が見つかるかもしれない。あるいは、私の記述がじつは極めてローカルなものにすぎないことが判明するかもしれない。批判的な検証に開かれていることは、すべての本質直観にとって避けがたいことであり、その批判を受け入れてこそ、実在論とは別様に普遍性を獲得するための道が拓かれるのである。

(c) 本質直観の相対性

本質直観の相対性は、最も深刻かつ重大なものである。どのような認識者も、特定の社会、歴史、文化に生きている。だとすれば、直観された本質をただちに「普遍的なもの」とみなすことはできない。本質は現実的で偶然的な諸々の要素によって条件づけられているのだから、実際に直観されているのは、認識者にとっての相対的本質でしかない。普遍的本質を獲得するためには、間主観的もしくは間文化的なコミュニケーションの次元が不可欠になるのではないか。これが本質直観の相対性の問題である。

本質直観に含まれる相対性を、フッサールはある程度自覚していたが、本質主義や普遍主義がやがてポストモダン思想の激しい批判にさらされることになるとは、予想だにしなかった。こういうわけで、フッサールのテキストの内部では、本質直観の相対性をどのように乗り越えていくのか、ということについては、十分な議論がなされていない。

私は、「現象学的言語ゲーム」と「善の原始契約」という概念を提起することで、本質直観の相対性を克服していく可能性の原理を示すつもりだが、以下では、その準備作業として、直観の「認識論的正当性」と本質の「観点相関性」について論じておきたい。

認識論的正当性

まず、直観の認識論的正当性をその相対性と関連づけて考察してみよう。フッサールは対象を直接に見る「直観」を理性的主張の究極の正当性の源泉とみなすが、場合によっては、直観は不十全的でありうること、そして、複数の直観が対立しうることを認めている。フッサールはつぎのように述べている。

> ただし、事情によってはやはり一つの見る働きが、他の見る働きと相争うことがありうるということ、したがって同様に、一つの正当性を帯びた主張が、他のそうした主張と抵触することがありうるということ、このことは排除されはしないのである。〔中略〕見るという働きは、原理的に、その力を強められたり、殺がれたりしうるものだということ、したがって、或る主張が、その直接的な、だから真正の正当性の根拠を経験のうちに持ってはいても、しかしやはり、経験の進行のうちでは、その主張を凌駕し廃棄させるような反対の正当性のおかげで、放棄されてゆかざるをえないということ、これである。（フッサール 一九七九、百五―百六頁）

本質直観の基礎は「〈私〉にはそう見える」というものである。このこと自体は動かしがたく、だからこそ、すべての直観は認識論的正当性を有する。ところが、現実には複数の直観が対立することもある。では、その状況をどう考えればよいのだろうか。複数の直観が対立していようとも、個々の直観に認識論的正当性があることに変わりはない。それぞれの〈私〉にはたしかにそう見えているのだから。つまり、そこでは正当性と正当性がぶつかっている、と言えそうだ。

フッサールは、ある直観の働きは別の直観との関係において強められたり弱められたりする、と言っている。これを私なりに言い換えれば、他者の主張をよく聴くことで、〈私〉の物の見方は変化しうる、ということである。もちろん、逆の場合もある。すなわち、〈私〉の直観が他者の直観の内実を変容させる場合である。

ここで、「〈私〉にはそう見える」ようになった理由に目を向けてみよう。発生論の観点では、それぞれの本質には——個体発生のレベルでも系統発生のレベルでも——それがそのようなものとして構成されるための前史がある。構築主義の言い回しを援用すれば、こうなるだろう。すなわち、本質は文化、社会、歴史、言語を媒介として時間的に構築されているのだから、本質の普遍性は近代的幻想である、と。直観は認識の根拠たりえない。直観が対象を純粋に与えることはなく、意識に与えられたものは、つねにすでに意識の外部のファクターの影響を受けているのだから。

一言でいって、直観における本質の所与には意識では把握しきれない暗い地平が伴う。しかも、構築の時間的過程を厳密に辿り直すことは不可能である。この過程には、あまりに多くの要因が関与しているからである。それでもなお、本質直観には認識論的正当性がある、と言えるのだろうか。

ところが、そう言えるのである。たとえ本質が時間的に構築されたものであっても、「〈私〉にはそう見える」ということが、すべての認識の究極の源泉であることに変わりはない。ただし、それは〈私〉の直観が絶対に正しいということを意味しない。他者の直観の方に説得される可能性を含むのである。直観の内容は固定されたものではなく、それは正当な理由と根拠によって変容しうる、ということが決定的に重要である。実際、他者とのコミュニケーションのなかで物の見方が変わることは、決して珍しいことではない。

構築主義者は、意識、直観、本質は何らかの仕方で構築されており、それはいくらでも疑いうる、と主張する。だが、直観の正当性を疑っているその批判的意識だけが構築を免れることはできない。社会的‐文化的構築を認識するための座は構築主義者の意識以外にありえず、結局のところ、直観がその最終的な根拠になっているのだ。これを否定するならば、構築主義者は自分には見えていないものを断定していることになる。そのような主張に真剣に取りあう価値はない。これはちょうど、理性を疑えるのは理性だけで、狂気にその権能はないのと同型である。こうして、一切の認識は直観に戻ってこざるをえない。

むしろ、問題の核心はこうである。「〈私〉にはそう見える」から出発して、「〈私たち〉にはそう見える」に――しかも、力のゲームを抑止しつつ――進んでいくことができるか、このことである。間主観的普遍性という理念を目がけて意味のやり取りを重ねることで、各々の直観の内実を徐々に編み変え、豊かにしていけるかどうか――これが〈普遍性〉をつくる哲学の中心的課題にほかならない。

これはつまり、「〈私〉にもそう見えるようになった」ということを意味するが、そのとき〈私〉は、〈私〉が他者と同じように世界を見ていることを、〈私〉の意識で確信する。一つの超越論的主観性は認識論的にはその外部が無意味であるような確信生成の現場だが、複数の超越論的主観性は、直観の内実を互いに交換することで、共に同じ世界に生きていることを確かめることができるのだ。

認識の正当性の源泉としての直観は、他の意識との関係においては、相対的なものにならざるをえない。たしかにこの事実は、人間的認識の限界を示してもいる。しかし、だからこそ考えるべきは、なぜ私たちは普遍性を必要とするのか、そして、いかなる条件があれば普遍性を創出できるのか、ということである。

観点相関性

普遍認識の可能性の条件の一つとして、西研は現象学の本質直観における「観点相関性」を提起する。西はつぎのように書いている。

そこで観取される「本質」は、決して〝どこかにあらかじめ存在しているイデア〟のようなものではない、ということだ。本質は、それを問うがわの関心や観点に従って現れてくる「関心（観点）相関的なもの」なのである。関心相関性は、しかし、「なんとでもいえる」ということを意味しない。ある問題意識から私たちの経験を眺め考察するとき、「どんな人にも共通なこと」かつ「こうとしかいえないこと」を取り出すことができるからである。（西二〇〇五、四百八―四百九頁）

本質はそれ自体として実在するのではなく、特定の観点から対象の本質を問い尋ねることによって現われる。しかし、だからといって、すべての本質は観点によって相対的である、とみなすのは誤りである。どのような観点から本質を考えるのか、あるいはまた、どうしてその観点から本質を考えることが妥当と言えるのか――そうした問題意識を初めに共有することで、普遍認識は可能になるというのだ。「なんらかの問題意識（観点）から、ある種の体験やそこでの対象に共通するもの（構造的同一性）を取りだそうとすることが本質観取である」（西二〇一九、二百七十五頁。強調は省略）。

先に述べたように、対象のそのつどの意味の現われは、見る側の関心や状況によって規定されている。こうした「観点の相関性」は「意味の相対性」に、したがって「本質の相対性」に帰結する、とも思われるかもしれない。だが、むしろこう言ってみることができる。すなわち、事前に特定の観点を共有することができれば、意味を間主観的に了解する可能性は生まれる、と。西の議論は、まさにこの点を明らかにしている。

西が指摘するように、フッサールは本質の「観点相関性」を論じなかったので、本質学にはイデア主義的なニュアンスがいつもつきまとってきた。フッサールは体験に内在する絶対的本質を取りだそうとしている、というわけだ。さらに、とりわけ抽象度の高い概念やことがらの本質を考える場合に顕著だが、いかなる観点もなしに本質を洞察しようとすると、問題になっている対象のさまざまな側面が記述されるだけで、体験一般に共通している構造に収束していかない。たとえば、私が他者の本質直観を行なう場合、超越論的関心からは世界を共に構成する者として、実存的関心からはニヒリズムやメランコリーの外部に立つ者として、社会的関心からは自由かつ対等な人格として、他者の基礎的な構造が見出される。ところが、これを観点や関心の設定なしにやろうとすると、途端に他者の意味の多義性が溢れてきて、いわば意味の洪水のなかで溺れてしまうのである。

本質直観という方法については、現在も議論が重ねられている最中だが、現象学的還元と本質直観というフッサール現象学の中核原理は近現代認識論の最高の達成の一つである、と私は考える。新しい実在論と構築主義による現代の普遍論争は、この「認識論的転回」が持つ革新的な意味を双方が理解しなかったがゆえに、起きてしまったのである。

第四章
現象学的言語ゲーム
——普遍性を創出する

現象学は人間と社会の本質を探究する。この営み全体を、複数の超越論的主観性による言語ゲーム、すなわち「現象学的言語ゲーム」と考えてみよう。「言語ゲーム」はルートヴィヒ・ウィトゲンシュタイン（一八八九—一九五一）に由来する概念だが、言語ゲームという視座を持つことで、現象学はさらに遠くまで、哲学としての射程を伸ばすことができる。

言語ゲーム論を現象学に援用すれば、本質は実体として存在するものではなく、間主観的な信憑構造として生成する、と言えるようになる。さらには、意味を媒介にしたコミュニケーションによって、直観のありかたが変容する事態を分析することも可能になるだろう。とりわけ、意味と価値に関係する領域において普遍性を新たに創出していこうとする場合には、それぞれの直観の内実が変わる可能性が重要になる。

ところで、現象学的還元は主客一致の認識問題を解決するために要請される態度変更だが、そこから始まる現象学的言語ゲームは、自然の論理である「力のゲーム」に拮抗している。だから、言語ゲームを断念することは、力のゲームを容認することに等しい。本章ではこのことが持つ意味について考えてみたい。

さしあたり、現象学的言語ゲームは、互いの差異については「相互承認」したうえで、しかし普遍性が必要とされる領域で「相互主観的確証」を創出していくための、複数の超越論的主観性による努力と試行錯誤の過程である、と言っておこう。したがって、これは間文化的コミュニケーションの理論基盤となり、社会的‐文化的差異を越境する本質法則を見つけていくための方法にもなる。

しかし、そのようなことが本当に可能なのだろうか。すなわち、本質認識の相対性を克服して、普遍性を獲得することなどできるのだろうか。本質直観による検証と確証の営みとしての現象学的言語ゲームは、最初から大きな困難を抱えているようにも見える。

複数の超越論的主観性が遂行する言語ゲームが間主観的な批判のプロセスに開かれているとすれば、これは必然的に公共的なものにならざるをえない。この公共的な言語空間を維持するための条件は、先に述べた言語ゲームと力のゲームの関係が明らかにするだろう。何のために普遍認識を目指すのか、そして、その試みが挫折すると、どのような事態が待ち受けているのか――。言語ゲームの指針は「善の原始契約」と呼ばれる。

一　一般本質学と超越論的本質学

ハイデッガーのフッサール批判

マルティン・ハイデッガー（一八八九―一九七六）は、現象学の方法を用いて、個別的な存在者とは区別される存在一般もしくは存在そのものを考究した。ハイデッガーの現象学的存在論のインパクトはフッサールの純粋現象学を覆い隠してしまうほどのものであり、実際、フッサールの高弟であるオイゲン・フィンクやルートヴィヒ・ラントグレーベがハイデッガーの現象学理解の影響下にあるだけでなく、ポール・リクールとハンス・ゲオルグ・ガダマーはその解釈学的方法を継承して現代哲学の一大思潮を形成することになる。

現在でも、ハイデッガーの現象学理解を支持する論者は多い。たとえば、「現象学的」と銘打つ心理学、看護学、教育学などの実践領域で使用される方法が、解釈学的現象学であることも少なくない。私は解釈学的現象学を否定したりはしないが、普遍性創出の原理としてはフッサール現象学の方に新しい可能性を見ている。以下、ハイデッガーのフッサール批判を検討することで、フッサール現象学の特徴を際立たせてみたい。

結論から述べておこう。フッサールとハイデッガーでは、「超越論的主観性」の捉え方が大きく異なる。前章で見たように、フッサールの超越論的主観性はさまざまな対象確信が生成する現場のことであり、対象の本質構造は超越論的主観性との相関性において分析される。現象学は意識体験の本質学なのである。しかしハイデッガーは、この超越論的主観性を別の角度から捉えて、フッサールの構図を批判するのだ。

認識論的観点からは、意識は他の存在に対して絶対的な優位を持ち、意識への所与をあるがままに受け取ることが、自己責任に基づいた哲学的洞察の基礎である。内在の領野をそれ以上疑うことはナンセンスであり、現象学はそこから始発する。超越の意味を内在において明らかにすること――これがフッサール現象学の根本テーゼである。

ハイデッガーは、志向性をその本質とする現象学的意識の発見を評価して、これを四つの有《う》(存在)から分析する。

> フッサールが現象学的領域そのものとしての純粋意識について与える規定を思い浮かべると、次のようなことが示される。四つの規定――内在的な有としての有、絶対的な所与性という意味での絶対的な有としての有、すべての超越的なものにたいする構成する有という意味での絶対的な有としての有、およびあらゆる個別相にたいする純粋な有としての有――はすべて、有るものそのものから汲み取られていない規定であり、純粋意識としてこの意識が

特定の視点で立てられるかぎり、意識に帰される規定である。（ハイデッガー　一九八八、百三十二頁）

純粋意識（超越論的主観性）には四つの規定がある。（一）意識は直接に把捉される。したがって、意識は内在的な存在としての存在である、（二）意識は絶対的に与えられる。したがって、意識は絶対的な所与性という意味での絶対的な存在としての存在である、（三）他のすべての実在は意識で構成される。したがって、意識はすべての超越的なものを構成する存在という意味での絶対的な存在としての存在である、（四）意識は事実ではなく本質として考えられる。したがって、意識はあらゆる個別相にたいする純粋な存在としての存在である。

この分析は妥当である。内在性、絶対的所与性、構成、本質は、超越論的主観性の重要な規定であり、意識体験の本質学の全体像がうまく整理されている。ところが、ハイデッガーによると、これらの特徴はすべて特定の観点から導出されたものであり、存在そのものの規定たりえない。換言すれば、意識という領域を規定する具体的な特徴ではあるが、意識の存在そのものを問うてはいない、というのである。

フッサールが意識の存在そのものを問えない理由は、エポケーと現象学的還元の手続きに大きな問題があるからである。ハイデッガーはこう書く。

還元の意味するところはまさしく、志向的なものの実在性を使用しないということなのである。志向的なものは実在的なものとして措定されず経験されない。一般に、事実的に実存する人間にある実在的意識から出発されるにしても、最後にはそれを度外視するために、意識の実在性そのものを免職するために、ただそうしたことが行われるのである。したがって還元は、その方法的な意味によれば、……を・度外視することとして、積極的に意識の有を規定するのに原則的に不適当である。(同書、百三十三―百三十四頁)

現象学的還元は、意識とその本質である志向性の実在を括弧に入れる。フッサール現象学が非実在的な諸現象についての本質論であるがゆえに、それは事実的なものにはかかわらない。事実的な実存の状況を度外視することによってしか、フッサールのいう「無関心な傍観者」の態度は獲得されない。結果として、現象学は意識の存在を捉え損なってしまう。

意識の存在を問う場合、そこには二つの方向性がある。一つは、事実的な現存在の実存という観点から意識を捉えることによって、実存の現場としての超越論的主観性の存在を問うこと、もう一つは、意識の存在を可能にする存在そのものを問うこと、である。前者は、『存在と時間』における現存在の実存分析に、後者は、後期ハイデッガーの存在の思索(倫理学と存在論を超克して、存在の真理を思索すること)に結実していく。しかし、いずれにしても、フッサール現象学は超越論的主観性の存在を前提にして組み立てられているのだから、そこからさらに深い次元へと思索を進めていくことはできない。

実存論もしくは存在の思索という立場から発せられるハイデッガーの疑義は、フッサール批判として妥当に思われるかもしれない。純粋現象学における意識の絶対性は、「存在」という観点からは浅すぎる。「何かがある」という事態への驚きと畏敬の念をもって――最終的には、人間を規定する一般条件からも遠く離れて――存在そのものに耳を傾けること、存在論的にはこの深みに入っていかなければ、存在の通俗的理解を斥けることは叶わない。存在の思索は「存在の真理を問い、こうして人間の本質の居場所を、存在のほうから、また存在へと向けて規定するような思索」（ハイデッガー 一九九七、百二十六―百二十七頁）でなければならないからである。

だが、フッサールが超越論的主観性の優位を強調するのは、あくまでも認識論的動機に導かれてのことである。フッサールは、存在そのものを問うことが現象学の究極の目標である、とは考えていない。それどころか、その真意を汲めば、こう言うことができる。意識を超えて思索を深めることは、終わりのない信念対立に帰着するだけである、と。そして、後期ハイデッガーから大きな影響を受けている現代実在論がそうであるように、存在の思索の内側にもまた、さまざまな意見の対立を調停しながら普遍認識を獲得するための原理はない。

つまり、こうだ。存在の真理を個人的に会得《えとく》したければ、フッサールではなくハイデッガーの現象学的存在論を採用すべきである。が、〈私〉が持っている信念や確信のありようを検証しながら間主観的普遍性を創出するためには、現象学的還元と本質直観に拠《よ》るしかない。

意識の存在を可能にする存在の現象学、意識には決して顕現しないものの現象学は本質的に主観的真理の域を出ることはなく、間主観的普遍性へと至るための認識論的条件を欠いている。というのも、まさしく解釈という方法によって、意識への所与を歪曲してしまうからである。端的に言って、そのように解釈学的に記述されたものの妥当性は、当の本人以外に——場合によっては、当の本人にすらも——確かめようがないのだ。

さらに問題なのは、ハイデッガーが存在の問いがなおざりにされている原因を現存在の頽落に帰することである（ハイデッガー 一九八八、百五十八頁以下）。このような言い分からは、共通了解をつくろうとする努力は出てこないだろう。お前は頽落しているから、分からないだけなのだ——。分かる人にしか分からない真理は、普遍的なものにはならない。

ハイデッガーの判定では、現象学的還元の遂行は存在の意味を問うことを不可能にする。しかし、フッサールが超越論的主観性の絶対性を強調するのは、哲学史で繰り返される相対主義と独断主義の争いに終止符を打って、普遍学としての哲学を再建するためである。現象学的還元は目的相関的な方法原理であり、意識の背後にまわることを方法論的自覚に基づいて禁じ手にする。残念ながら、ハイデッガーがこのことの意味を受け取ることはなかった。

現象学運動の歴史を眺めてみると、初期現象学派（ミュンヘン＝ゲッティンゲン学派）は独自の精彩を放つ。彼らは本質直観を用いて、美、愛、倫理、国家、法、幾何学、論理学などの領域で本質学を展開し、その大いなる可能性を示してみせた。ところが、初期現象学派の多くは、現象学的還元を支持することなく、超越論的現象学から離反することになる。その理由を一言でいえば、認識の仕方とは独立した〈客観的な〉事象そのものの本質研究に関心を持っていた初期現象学派にとって、フッサールの超越論的転回は〈主観的〉心理主義への差し戻しを意味したからである。

ミュンヘン学派の中心人物の一人であるマックス・シェーラー（一八七四―一九二八）は、直観概念の拡張の議論をきっかけにしてフッサールと親交を深めたと言われている。「哲学的人間学」の提唱者としても知られるシェーラーは、本質直観の方法をさまざまな領域で応用展開したが、その本質学には真正の形而上学に至るための前段階という側面がある。以下、本質学と形而上学の関係を見ていこう。

まず、シェーラーの現象学理解の要諦を確認したい。現象学とは何か。シェーラーは現象学を、直観する作用に与えられる事象（世界）との最も直接的な「体験交渉」を可能にする方法とみなす。つまり、体験のうちで〈私〉は世界それ自体と直接接触している、というのだ。

体＝験における存在を渇望して、現象学的哲学者はいたるところで、世界の内実がそこにおいて現われる「源泉」そのものに酌《く》もうとするであろう。その場合、彼の反省的眼差しは、体＝験と世界という対象との接触点にのみ止まる――そのさい問題になっているのが、物理的なものであろうと心理的なものであろうと、数であろうと神であろうと、その他何であろうと、まったくどうでもよいのである。反省の光は、この最も厳密な最も生き生きした接触の内に「現に」存在するもののみを、そしてそのかぎりにおいて、照射しようとしなければならない。（シェーラー 一九七八、二百九十四頁）

志向的体験の対象が、物理的なものであろうと心理的なものであろうと、数であろうと神であろうと、現象学者は体験において与えられたものを反省的に見ようとする。このことを単に世界の表象が与えられる体験とみなすことはできない。〈私〉はそこで世界の「本体」と接触していて、体験交渉においては世界の本当の姿が〈私〉に開示される、とシェーラーは考えるのである。フッサールに比べると、シェーラーは理論的‐認識論的関心のみならず実践的‐価値論的関心を強く持っている。本質直観を説明するつぎの一節には、そのモチーフがよく表われている。

たとえば仏陀の回信の場合、〔中略〕それはただ、他者の存在や他者の体験を共感する、それ自身個別的事例や「偶然的事実」が、単なる一つの例証として（「一人の」物乞い、「一人の」病人、「一人の」死者など）とらえられるような場合であり、ただこの場合にのみかぎられる。ここにおいて、いまや他者の苦しみの本質がそもそも「形相化して」とらえられ、共感の「純粋」機能が持続的・構成的態度として、この最初の「誘因」をはるかに越えて、一切の他者の存在と他者の価値にむかって自由にひらかれひろげられてゆくのである。

（シェーラー 一九七七a、百十八—百十九頁）

仏陀《ブッダ》の視線は、一人の物乞い、病人、死者などの個別的な苦しみに向けられる。しかしそれは具体的かつ偶然的な苦しみを規定する苦しみ一般の本質に到達している。仏陀はおよそ人間の生の苦しみとは何であるかを直観している、というのだ。仏陀の共感はすべての他者へと拡がっており、ここに仏陀の非凡な卓越性がある。

逆に言えば、シェーラーの見立てでは、すべての本質領域が誰にでも開かれているわけではない。すなわち、体験可能な者にしか体験されない本質がある。そのような本質は一部の卓越者だけに直観可能なものであるとして、いわば本質を閉じたものにしてしまうのだ。

フッサールの立場でも、こうした主張が認められないわけではない。たとえば、神を直観する者は神の存在を明証的に体験するが、その体験は間主観的普遍性に至るための条件を欠いているだけである。もちろん、フッサール現象学において、本質の普遍妥当性は間主観的な検証を経て初めて成立するのだから、啓示的直観のような極めて個人的な体験の本質は重要視されない。それに対して、シェーラーの関心は、むしろ選ばれた者にのみ接近可能な形而上学にある。

シェーラーの人間観を参照して、さらに考察を進めよう。シェーラーは「生命」と「精神」の二元論で人間を捉える。生命を特徴づけるのは「衝迫《しょうはく》」であり、これは意識や表象以前の内的な行動原理、または状態を意味する。すべての生き物は快—不快の秩序を生きており、快適なものに近づいたり、不快なものから遠ざかったりするだろう。人間も生き物である以上、世界をエロス原理（生と欲望）によって分節する。言い換えれば、関心や欲望に応じて——人間の欲望は生理的欲求だけに拘束されておらず、むしろその本質は幻想的と言った方がよいけれども——接近と離隔を繰り返しながら生きている。つまり、生命は人間の動物的側面を表現する概念である。

一般に、世界は生命に相関する世界として、すなわち、それぞれの生物種に固有の「環境世界」として現われる。生き物はそのつどの衝迫によって環境世界に没入しており、生の特定の関心がつねにすでに世界を色づけている。しかし、ここでシェーラーは、環境世界というものはそれぞれの生物種にとって現われる生命相対的世界にすぎないのだから、（哲学が把握すべき）世界それ自体ではない、と言うのである。

シェーラーによると、環境世界で出会われる存在者の実在性の本質は、生命衝迫に対する「抵抗」体験にある。「実在的なもの」は生の衝迫を阻むものとして現われており、それを完全に思い通りにすることはできない。だからこそ、意識の力能を超越して存在するという対象の実在的性格が信憑される。根源的な場面に立ち返るなら、意識以前の生命衝迫そのものに対して抵抗があるため、「実在性体験は、世界に関するわれわれのすべての『表象』の後からではなくて、それに先立って与えられている」（シェーラー 一九七七b、六十六頁）。生命、環境世界、抵抗、実在は、一つの系列に属するのである。

ところが、生命原理だけでは、人間存在の特徴を十分に表現できない。というのも、人間は外部世界の存在者だけでなく自分自身をも理念的に対象化して、その本質を理解する能力を持つからである。環境世界から距離をとって対象を対象そのものとして把握する能力を、シェーラーは「精神」と呼ぶ。

> 人間とは、無制限に「世界開放的」に行動しうるところのXである。人間生成とは、精神の力によって世界開放性へと高まることである。動物はいかなる「対象」をももたない。〔中略〕環境世界をこのように独自な仕方で遠ざけ距離をとって世界（ないしは世界の象徴）とする働きは人間には可能であるが、動物はこれを遂行しえず、情念的・衝動的に限定された「抵抗」中心を「対象」へと転換することができない。（同書、五十一頁）

人間だけが精神の能力によって環境世界への没入から身を引きはがし、世界の存在それ自体を問うことができる（ガブリエルにおける「精神」の概念に似ているのは偶然ではない）。人間は世界開放的な存在、すなわち、世界の意味を問う存在なのである。精神が人間を人間たらしめる。その有無が他の動物から人間を区別するためのメルクマールになる、ということである。

さらに言えば、精神は対象化の能力であると同時に、対象の本質を洞察する能力でもある。それは「『観念的思惟』とならんで一定種類の『直観』、すなわち根源現象や本質内容の直観をも含み、さらには好意、愛、悔恨、畏敬、感嘆、浄福と絶望、自由な決断などの、一定部門の意志的・情緒的な諸作用をもまた含む」(同書、四十七—四十八頁)。精神の作用中心には、それぞれの作用遂行者の「人格」がある。

さて、シェーラーの現象学的還元は、実在の根本契機である生命衝迫を遮断して、精神の領域(本質)を開示するために遂行される。これは、一見すると、自然的態度のなす一般定立を遮断して、超越論的主観性というまったく新しい研究の領域を開示するフッサールの還元に似ている。しかしながら、シェーラーからすると、フッサールは実在を支える本質条件としての生命衝迫と抵抗体験を見逃している。だから、その方法によっては、世界を脱現実化して純粋な本質領野を、言い換えれば、世界の本体を明るみに出すことはできない。

しかも、精神によって捉えられるのは、意識作用には還元されない「超越的本質」であり、フッサールのいう「内在的本質」ではない。こうして、シェーラーの本質学は、方法的手続きに関しては現象学に倣っているものの、その結論はプラトンのイデア論に限りなく接近していくのだ。

それだけではない。本質学は真正の形而上学に達するための踏み台に変貌する。現象学的還元と本質直観によって「世界とは何であるか」を把握しても、「どうして世界がそのようになっているのか」を理解することはできない。というのも、人格の作用それ自体は決して対象化されえず、作用が現にそのように遂行されていることの究極の根拠は、いわばブラックボックスになっているからだ。そこに作用の形而上学という課題が現われて、絶対者への通路が開かれる。

> 神に接近する唯一の通路はしたがって理論的な、つまりは対象化的な考察ではなくして、神に対しての、また神の自己実現の生成に対しての、人間の人格的・能動的な傾注である。すなわち、永遠の作用の遂行に――理念を形成する精神的活動とわれわれの衝動的生命のうちにその痕をとどめている衝迫力とのいずれの面における作用の遂行にも――ともにあずかることである。有限者として両属性の最も純粋かつ最高の現われであるもの、それが「人間」そのものなのである。（シェーラー 一九七七c、百二十五頁。原文の強調は省略、強調は筆者）

本質学（対象化的な考察）では、神に接近することはできない。環境世界や世界の本質態を所与のものにする、生命と精神の根源的なありかたに注目しなければならない。人間に賦与《ふよ》された生命と精神は、人間が神と共有するものにちがいない。だとすれば、生命の衝迫力と精神の理念化作用を神とともに遂行すること――ここに絶対者へと通じる形而上学の道がある。

人間の本質を探究する哲学的人間学の先に待ち受けているのは、形而上学的もしくは救済の知識である。「各人が――それが誰であろうと――『その人の』形而上学的真理を見いだすことを可能にするような厳密に普遍妥当的な方法」（同書、百二十七頁）が存在する。シェーラーが認めるのは、主観的真理を見つけるための方法の普遍性であって、世界認識の普遍性ではないのだ。ハイデッガーの場合と同様に、シェーラーもまた、万人に共有される普遍性ではなく、思弁によってのみ接近できる形而上学的真理に惹かれている。ハイデッガーとシェーラーは、現象学的還元、超越論的主観性、本質直観という現象学の中心概念を批判して、存在の思索と哲学的人間学という新しい地平を拓くことには成功したが、その過程でフッサールの普遍認識の原理を台無しにしてしまった、と言えるのではないだろうか。

人間の声が決して届かない存在の深みと、人間が見上げることしかできない神の高さが、形而上学の重要な主題の一つであることは認める。しかし、ハイデッガーとシェーラーの方法では、存在の認識は再び主客一致のアポリアに迷い込んでしまう。形而上学の誘惑を断ち切れるかどうかが、〈普遍性〉をつくる哲学の分水嶺なのである。

超越論的本質学とは何か

シェーラーに代表される本質学を「一般本質学」と呼んで、フッサールの「超越論的本質学」から区別しよう。一般本質学は自然的態度における本質学であり、一切を意識体験において考えようとする超越論的本質学とは性格が根本的に異なる。私の考えでは、初期現象学派の本質学、アルフレッド・シュッツとその追従者による現象学的社会学、超越論的還元と超越論的主観性を批判する現象学的心理学、現象学的看護学、現象学的教育学の諸学派は、すべて一般本質学に分類される。

ただし、フッサールも自然的態度における本質学を認めていたという事実は付記しておくべきだろう。たとえば、『イデーン』第一巻の「事実と本質」の箇所は、現象学的態度で探求される非実在的な諸現象の本質学を扱ったものではないし、『ブリタニカ草稿』や『ヨーロッパ諸学の危機と超越論的現象学』で述べられる「現象学的心理学」と「生活世界の存在論」は、現象学的―超越論的還元を必要としない自然的態度における本質学である。

現象学的心理学と生活世界の存在論は、「自然主義的態度」のなす理念化作用に相関する「自然化された心的世界」と「数学化された物理的世界」を遮断して、心と世界の本質を見ようとするところに、その特徴がある。したがって、これらはたしかに本質学ではあるが、認識論を深く読み込んだうえで成立する――複数の認識が対立する原因と、その対立を乗り越えて普遍性を創出するための原理と方法を自覚している――本質学ではない。一般本質学としての現象学的心理学と生活世界の存在論は、心と世界の本質をめぐる信念対立、または、心と世界に関する複数のモデルの乱立に帰着する可能性がある。

だから、フッサールは、現象学的心理学と生活世界の存在論は、これらを哲学として考えるなら、超越論的現象学に至るほかない、ということを強調する。これは微妙だが決定的な差異である。一般本質学ではなく超越論的本質学として展開されるときに初めて、普遍学としての本質学は可能になるのである。

では、超越論的本質学の特徴とは何か。以下、三つの観点で整理する。

差異を相互承認する

超越論的本質学の第一の特徴は、エポケーによる「差異の相互承認」である。エポケーは自然的態度のなす一般定立の遮断を意味するが、これを言い換えると、客観的世界や実在的世界に関する先行的もしくは臆見《ドクサ》的判断を中止して、意識体験の内側から世界構成の本質条件を取りだそうという方法論的提案になる。

エポケーの意義をその源流であるピュロン主義にまで遡って考えたのは、クラウス・ヘルト(一九三六―)である(Held 2000)。ヘルトによると、エポケーは「真理をめぐる抗争」を調停する。対象αについて主張Aと主張Bがぶつかる場合、対象αそれ自体の本性をめぐって、主張Aと主張Bは対立している。しかし、対象の本性については判断を保留するのがエポケーなのだから、現象学は「真理をめぐる抗争」を出来させる構図そのものを変更している、というのである。本書の文脈に置き換えれば、エポケーの重要な役割の一つは「実在をめぐる論争」を防ぐことにある、と言えるだろう。

さて、エポケーが導くこのような態度は、現代哲学にとってどういう意味を持つだろうか。絶対的真理を措定する独断的態度では、複数の独断主義者が提起するそれぞれの真理解釈の妥当性を検証する手立てがなく、結局のところ、理性と学問一般に対する不信を人びとに抱かせることになる。（あるいは、人びとは自分にとって都合のよい世界像と同化するだろう。）反対に、認識と存在の相対性だけを強調する哲学は、その学問的基礎づけに失敗し、結果的に、力のゲームに席を譲ることになる。ここでエポケーは、「絶対的同一性」と「絶対的差異」のどちらが正しいのかを決定することではなく、互いの差異を承認する態度が普遍認識の必要条件であるということを教えるのである。

たしかに〈私〉の直観のありかたは、〈私〉の意識の外部から影響を受けている。「リンゴ」のような単純な意味でも、その発生を辿っていけば、親子関係の言語ゲームに突き当たる。すなわち、他者が〈私〉に「リンゴ」の意味を教えてくれた、ということである。すると、〈私〉の世界は〈私〉ではないものとの関係において作られてきたことになる。したがって、〈私〉に与えられる対象の意味は絶対的なものではない。これが構築主義の論点であり、そこでは決して解消されることのない「差異」が強調される。

しかし、ガブリエルが言うように、すべての側面が構築されているわけではないだろう。たとえば、先天的なリンゴアレルギーの人が、リンゴを避けるべきものとして認識する基礎条件を持つことは疑えない。また、目の前に何らかの実在的対象があるという事実を、社会的な構築に帰するのは無理があるように思われる。構築主義が差異の哲学であるとすれば、実在論は同一性の哲学なのだ。

ところが、現象学の観点からすれば、問題の本質は、〈それ自体としてある〉「差異」か「同一性」かの二者択一を選ぶことではなく、差異を抑圧しないで〈普遍性〉を形成するための原理とは何か、である。根源的な差異や同一性を基底に置いてしまうと、認識論のアポリアにはまってしまうからだ。現象学は、こう考える。絶対に正しい世界認識というものは存在しない。絶対に正しい認識という考えは、信念対立を呼び込むだけである。まずは、互いの差異については相互に認めてしまうこと、しかし同時に、同一性を実体的にあらかじめ措定しないこと——エポケーは「実在をめぐる論争」を調停して、「差異の相互承認」を導くための態度変更なのである。

相対性を引き受ける

「現象学的‐超越論的還元」が超越論的本質学の第二の特徴である。プラトン以来の哲学の伝統では、本質は「実体」（ウーシア）を意味する。すなわち、本質は単に対象が何であるかを規定するだけでなく、それ自体で存在するものとみなされてきたのである。実体は（「生成」ではなく）「存在」を表わす概念であり、実体概念と一体になることで、「本質」は決して変わることのない存在の内的根拠となる。たとえば、この世界の彼方にある永遠不変のイデアを思い浮かべればよい。

現象学者は本質それ自体の本性については判断を保留する。本質の客観性を前提して諸々の本質を悟性的に分類する一般本質学とは異なり、超越論的本質学における本質は、各々の超越論的主観性で構成される、あくまでも意識において直接に見出される理念的対象である。すると、現象学の本質は実体としての存在論的身分を失う。

たしかに、本質は「普遍性」と「必然性」のキーワードで特徴づけられる。が、普遍性と必然性は「本質の本質」と言うべきものであり、直観された本質をただちに普遍的かつ必然的とみなす必要はないし、現象学の原則に従うならば、そんなことはできない。本質が意識を超越して存在する実体であれば、これは——人間の認識の仕方とは無関係に——普遍的かつ必然的に妥当するかもしれない。しかし、現象学的に考察する者にとって、本質は〈私〉の意識に与えられているのだから、その時点では〈私〉が見出した普遍的構造を記述しているにすぎない。

私たちが意識を反省的に見ているとき、じつは相対主義にかなり近づいている。思い切って言えば、現象学的還元は超越論的主観性という極めて相対的な場面に身を置くことを意味する。すべての対象は〈私〉の信憑として構成されるというのだから、もしかしたらその一寸先は相対主義の闇かもしれない。それでも、独断主義に頼らずに相対主義を超克するためには、相対主義を徹底するほかない。

つまり、こうだ。認識論的正当性と引き換えに、現象学は相対性のリスクを引き受ける。これは現代実在論や一般本質学には見られない思考の型である。〈私〉によって見出された本質は絶対的な「自体存在」ではない。それどころか、他者によって見出された本質と異なる可能性は、どこまでも残り続ける。しかし、そこに相対性のリスクがあったとしても、認識論のアポリアにはまらずに間主観的普遍性をつくっていくためには、この道を行くしかない、というのである。

したがって、こう言うことができるだろう。本質直観の相対性は、認識論的に正当な——認識論を徹底すれば、必ず負うことになる——相対性にほかならない、と。相対的な場所にあえて立ってみることで、超越論的本質学は従来の本質主義の定型を完全に超えることができているのだ。

初期現象学派に代表される一般本質学の立場からは、現象学的還元は本質の客観性を主観的確信に引きずりおろしてしまう、心理主義的な操作に見えただろう。これは一面では正しい。実体から切り離された本質は、素朴で自明な普遍性と必然性を喪失するからである。だが、超越論的本質学の核心には認識問題がある。一度、相対性を経由しなければ、独断化しない普遍認識はありえない。本質はただ見つけられるのを待っているのではない。複数の超越論的主観性の本質洞察が交わることで、それは漸次的に創出されるのである。

本質を確証する

第三の特徴は、超越論的本質学における〈普遍性〉が、複数の超越論的主観性の「相互主観的確証」を待って、ようやく成立することである。フッサールのテキストを読むと、人間の認識とは無関係に妥当する本質のイデア性という考えを彼が捨てきれなかった、と思わせる箇所が散見される。おそらく、フッサールの原点である数学と論理学の影響があるのかもしれない。

しかし、人間と社会の本質学、すなわち、意味と価値の本質学においては、時間と場所の制約をまったく受けない本質のイデア性を主張することには、明らかな限界がある。さらに言えば、そのようなイデア主義的な本質論は、現象学的還元の原則とも折り合いがつかない。むしろ、現象学の発想を突きつめるなら、本質の普遍性は複数の異なる直観が交わるなかで「相互主観的確証」として創出される、と言うのが適切である。すると、本質は「存在」の次元から「生成」の次元に移行することになる。

発生的現象学（対象の時間的構成を分析する現象学）の構想に伴って自由変更の理論を構築する際、本質の発生という問題が一つの主題になった。そのとき、フッサールは本質の特徴である「超時間性」を「汎時間性」に読み換えている（フッサール 二〇〇一、二百二十八頁）。すなわち、本質は時間を超越したものではなく、任意の時点で繰り返しその同一性を確かめられる理念的対象とみなされなければならない、というのである。さらに、『経験と判断』では、純粋本質の前段階として、経験的かつ発生的概念である「類型」が論じられる。あくまで（主観的）意識生活に限定されてはいるが、本質の時間的構成が分析されているのである。

したがって、フッサールは、本質は時間的に生成するものである、ということを認めていたように思われる。少なくとも、現象学的還元の原則に従うなら、すべての超越論的主観性によって確証されうることが本質の普遍性の根本条件である、と言わねばなるまい。ここで注目したいのは、過去から現在にかけての時間的構成ではなく（これを批判的に考察するのは構築主義である）、現在から未来に向かっての時間的構成の方である。つまり、これからいかに本質を構成していけるのか——この可能性を考えるのである。

いかなる本質もつぎの経験に開かれているとすれば、直観された本質が未来の人間にとって妥当するかどうかは、原理的に言って、未来の人間が確かめてみないと分からない。本質の本質は普遍性と必然性である、と言うことには何の問題もないが、現時点で獲得された本質が以後永遠に普遍的かつ必然的に妥当する、と断定することはできない。

だが、にもかかわらず、普遍性は不可能ではない。というのも、検証と確証に開かれているからといって、複数の確信が必ずしも不一致になるとは限らず、誰が何度確かめても動かしがたく真であるという可能性も残るからだ。実際、たとえば、論理法則はこの条件を満たしているのではないだろうか。ここでは、さらに二つのことを言っておきたい。

（一）　間主観的コミュニケーションの結果、本質は相互主観的確証に至らないこともある。すべての対象や領域で、本質が取りだせるわけではない。しかし、その場合でも、相互主観的確証に至らない条件を洞察することはできるだろう。むしろ普遍性を創出できない領域についての共通了解を拡げていくことで、その領域については互いの差異を相互承認する以外に手がないことを深く了解するのである。

（二）　直観のありようが変容する可能性、世界分節の秩序が編み変わる可能性は、間主観的コミュニケーションの過程のなかにある。この意味で、複数の超越論的主観性による本質直観は、単に互いの共通項を確かめるゲームではない。それは、自分では思いもよらなかった物の見方に気づかされ、誰もがより納得できる考えへと、自分の直観のありようを変容させていくプロセスでもあるのだ。対象確信の本質条件を記述するだけでなく、各人の対象確信のありかたを互いに批評すること、また、本質を適切に表現している言葉を交換すること、そのようにして本質の普遍性は漸次、形を成してくる。つまり、間主観的かつ歴史的なプロジェクトにおいて、本質は生成するのである。

まとめよう。超越論的本質学は「相互承認」と「相互主観的確証」の学である。過去の地平に目を向けると、本質は言語ゲームを通して生成してきたことが分かる。ならば、未来の地平の側にも、同じ可能性が属するはずだ。超越論的本質学とは世代を越えて本質をつないでいく言葉の営みなのである。

二　善の原始契約

暴力と言語

トマス・ホッブズ（一五八八―一六七九）が、競争、不信、自負によって引き起こされる闘争状態を抑止するための公共的権力を創出する必要性を議論したことは、よく知られている。近代の初めにホッブズが提起した暴力抑止の原理は、現代思想の文脈でも、スティーブン・ピンカーによってその有効性が実証されており、国家と司法制度が暴力を縮減する役割を果たしていることが、広範な資料研究によって明らかにされている（ピンカー二〇一五）。

私がここで注目したいのは、コモンウェルス（国家）の有効性や、それを裏付ける史的事実ではない。私の興味を引くのは、『リヴァイアサン』（一六五一）におけるホッブズの言語論である。分量としてはそれほど多くないのだが、そこでホッブズは、言語の本質をこう書いている。

しかし、なかでももっとも高貴で有益だったのは「名前」（ネイム）、あるいは「名称」と、それらの結合からなる《言語》（スピーチ）の発明であった。それによって人々は、思考を記録し、過去の思考を思いだし、また、相互の利益や交際のために思考をたがいに公表することができる。もしも言語がなければ人々のあいだにはコモンウェルスも、社会も、

契約《コントラクト》も、平和も存在せず、ライオンや熊や狼におけると同じ状態を呈していたことであろう。（ホッブズ 一九七九、七十二頁）

言語の発明は人間に長いスパンの時間性をもたらす。また、言葉が思考を明示的に伝達することで、間主観的なコミュニケーションは可能になる。しかし重要なのは、最後の一文である。すなわち、もし言語がなければ、コモンウェルス、社会、契約、平和は存在しないこと、したがって、人間の生活全体は動物のそれと変わらなくなること、このことである。

言語というものは、互いの意を伝達するコミュニケーションの媒介となるだけではなく、暴力を抑止するためのコモンウェルスの設立と社会状態の維持に深くかかわっている。たとえば、国家の法は言語によって記述されるだろう。あるいは、話を聴いてあげたり、話を聴いてもらったりすることは、よい関係性を持続させていくための重要な手段になる。（言語がなければ関係性を維持できないということではない。）言語を媒介にしたルールと関係性は、（暴）力による一方的な決定に対峙しているのである。

もちろん、言語だけで暴力を抑えることはできない。逆説的に聞こえるかもしれないが、ルールに実効性を持たせるためには、まさに「力」が不可欠だ。しかし、この力は万人の契約によって正当化された、闘争状態を抑えるための力である、ということには注意したい。すなわち、すべての力を共同体から排除するのではなく、一切が力の決定に任される自然状態から離れるために、公共的権力は要請されるのである。

ホッブズは言語の効用を四つ挙げている（同書、七十三―七十四頁）。

1　現在と過去のことがらについての原因と結果を記録することで、学問を獲得する。

2　自分の知識を相手に伝達することで、知識を互いに共有する。

3　意志や目的を知らせることで、助け合う。

4　ことばを楽しみや装飾のために操ることで、自分自身と相手を楽しませる。

しかし、ことばは悪用されることもある（同書、七十四頁）。

1′　ことばの意味が不定で、思考を誤って記録する。

2′　ことばを比喩的に（定められた以外の意味に）用いて、相手を欺く。

3′　ことばによって、自分の意志ではないことを意志として公言する。

4′　相手を苦しめるために、ことばを用いる。

言語は、人間が互いの思考、知識、意志、目的を伝えて、助け合いながら生きていくことを支える。それは闘争状態を抑止するコモンウェルスの根本条件であり、また、私たちがさまざまな関係性の意味をそのつど確かめながら生きていくための土台でもある。しかし、言語が悪用されると、誤認、欺瞞、不信、苦悩を呼ぶ。

ところで、言語の他に何か有効な手段はあるのだろうか。ポストモダン思想に影響を受けた権力論は、言語に潜んでいる暴力性をたびたび指摘してきたが、この指摘は言語を一面的にしか捉えていない。実際、ポストモダン的権力論は、力のゲームに対抗するための決定的な代案を出せなかった。それは国家機構や制度に隠された暴力性を批判し続けるだけで、倫理の根拠を普遍的に基礎づけるための原理や方法を持たない。力を批判しているだけだと、逆に力の強い者や人気のある者が勝つ社会になるのだ(=ポピュリズム、ポスト真実)。

繰り返すが、私は、一切の力は悪であり、すべての決定は言語ゲームで行なわれるべきだ、と主張したいわけではない。力は必要である。たとえば、迅速な決断が求められる場面では、民主的な手続きを取っている時間はない。日本が他国から侵攻されたときに、熟議している暇はないだろう。殺される前に、力で食い止めるしかないのだ。ところが、そのときに重要なのは、第一に、緊急事態の場合、民主的な手続きを飛ばしトップダウンで決定することについて、事前に合意があること、第二に、自国の防衛のために敵軍に行使される力が、間主観的合意によって正当化されていること、である。力に正当性の根拠を与える手段が、言語ゲームにほかならないのだ。(とはいえ、もちろん、私たちには力の行使そのものを放棄する可能性も残されている。)

したがって、警戒すべきは不当な力の顕現であって、およそ考えられうるすべての力を否認することにあまり意味はない。言語的コミュニケーションによる合意が力を正当化するのだから。しかし、これは難しい問題を孕《はら》んでいて、いったん力のゲームが発動すると、力でそれに対抗せざるをえなくなるのも事実である。この場合、いくら言語ゲームの必要性を主張しても、これは一つの理想にすぎなくなる。むしろ、私たちのリアリティに即すなら、こう考えた方がよいかもしれない。言語ゲームが弱くなり始めた途端、力のゲームが台頭してくる、と。

世のなかには善人も悪人もいるが、一人の悪人が力で世界を支配しようとすれば、残りの善人は否応なくそのゲームに巻き込まれてしまう。すると、善人のなかにも自分や家族や友人を守るために、武装する者が出てくるだろう。こうして、闘争は開始される。

この点、やはりホッブズの洞察は正しい。総合的に考えれば、個々の人間の能力に大差はなく、弱い者でも陰謀や共謀によって強い者を打倒すことができる。（国家と法の力がないところで）二人の人間が同一のものを欲していて、しかもそれを同時に享受することができない場合、力の行使の可能性によって「相互不信」に陥ってしまい、結果的に、闘争状態に突入する。ホッブズはつぎのように書いている。

自分たちすべてを畏怖させるような共通の権力がないあいだは、人間は戦争と呼ばれる状態、各人の各人にたいする戦争状態にある。なぜなら《戦争》とは、闘争つまり戦闘行為だけではない。闘争によって争おうとする意志が十分に示されていさえすれば、そのあいだは

戦争である。（同書、百五十六頁）

力の発動を抑止する共通権力がなければ、各人は闘争状態に置かれている。ここで注目すべきは、共通権力はすべての人間を畏怖させる、という箇所である。そこに例外があるなら、たちまち力のゲームが始まってしまう。暴力の発動は同時に抑止されなければならないのである。戦おうとする意志があるところは、すべて闘争状態と呼びうる、とホッブズは書いている。自分には相手の財を奪う気がなくても、共同体の一人がそのような意志を持てば、私たちは自衛しなければならなくなるからだ。

逆に、ガブリエルはホッブズの説に異を唱えていて、国家が人間の野蛮を制御し、人間は国家があって初めて自由になりうる、という考えに反対する（ガブリエル 二〇一九、三百四十―三百四十一頁）。道徳的事実の実在を主張して、すべての人間は本来的に自由である、と考えるのだから、ホッブズに反対するのは当然だが、私からすると、それは自由がすでに保障されている市民社会の内側の倫理観を実体化したものにすぎない。

暴力の生々しさをほとんど経験しなくなったからといって、その限定された場面で通用する道徳を実在とみなすことに、私は強い違和感を覚える。なるほどガブリエルは、たしかに先進国に住んでいる者の共通感覚を言い当てている。だが、それは道徳の根拠ではあっても、倫理の根拠たりえない。倫理の根拠は、一人ひとりが自明視している道徳の根拠を問い直そうと試みる場合に、初めて現われるからである。たとえ市民社会の倫理が普遍的なものを含むにしても、私たちはその妥当条件を確かめる道筋を確保しなければならない。これを可能にするのは、実在から出発する思考ではなく、世界確信の条件を検証していく現象学の思考である。

フッサールとハーバーマス——意識と世界、どちらから始めるのか

ホッブズ以後、権力や貨幣のシステムと言語的コミュニケーションの対抗関係を描いたのは、ユルゲン・ハーバーマス（一九二九—）である。ハーバーマスによれば、生活世界は官僚制と資本制というシステムによって絶えず脅かされている。効率性と競争によって回転し続けるシステムを牽制するためには、「公衆として集合した私人たちの生活圏」（ハーバーマス 一九九四、四十六頁）である「市民的公共性」を成熟させて、理性的コミュニケーションによる普遍的合意を形成するしかない。

公共性は、それ自身の理念によれば、その中で原理的に各人が同じ機会をもって各自の好みや願望や主義を申告する権利をもったというだけでは、民主主義の原理となったのではない。このようなものは、ただの意見（opinions）にすぎない。公共性は、これらの個人的意見が公衆の論議の中で公共の意見、公論（opinion publique）として熟成することができた

かぎりでのみ、実現されえたのである。(同書、二百八十八頁)

自由に意見を表明するだけでは、民主主義の基礎になりえない。複数の意見が公衆の論議を通じて「公論」としてまとまり、そこに一定の合意が形成されると、システムによる生活世界の植民地化を正当に批判できる。これが官僚制と資本制を監視するための抑止力になる。

ハーバーマスは、フッサールから「生活世界」の概念を引き継ぎ、コミュニケーション的理性に基づく間主観性の現象学を展開した。しかし、ハーバーマスは、一切を超越論的主観性の内側で考えようとする超越論的哲学には反対しており、この意味で、認識論を哲学の中心に据えるフッサール現象学とは性格が異なる。

ハーバーマスによれば、相互了解を目指す言語的コミュニケーションによって媒介された間主観的な生活世界を背景にして、超越論的主観性の実践的行為は初めて意味をなす。孤立した超越論的主観性から間主観的生活世界における社会的相互行為に視点を移すことで、超越論的主観性によって世界が構成されているというフッサール哲学の根本命題を斥けるのである。

主観が客観を認識するという認識論的構図は、言語行為が織りなす複雑な社会関係を単純化しすぎており、この構図は根本的に変更される必要がある、というわけだ。このようなモチーフは、同じく現象学の方法を社会学的に転移したアルフレッド・シュッツや、言語論的転回を支持したリチャード・ローティにも見られるが、フッサールの立場からすると、ここには経験的次元と超越論的次元の混同がある。

たしかに、主観と客観の一致を問う認識論は、世界構成の像を単純化するきらいがある。たとえば、生活世界において、私たちはつねに客観的対象を認識しようとするわけではないだろう。むしろ、世界は生活にとって必要なものや有用なものであふれており、しかもその必要性や有用性は、単に〈私〉の欲望に相関するのではなく、言語的コミュニケーションを通して生成する社会的欲望を反映してもいる。だとすれば、主客一致の認識問題の図式は、客観認識を目指す（狭い）学問的関心にとらわれているようにも見える。

ところが、フッサールは、認識問題を解決するために――互いの差異に関しては相互に承認したうえで、人間一般に妥当する本質を相互主観的に確証するために――あえて「現象学的態度」を選択する。間主観性や生活世界から議論を始めずに、超越論的主観性の本質構造とそこでの世界構成が最初の主題になっているのは、こういうわけである。

注意すべきは、フッサールは、つねにすでに間主観的な世界があり、そこで複数の人間が相互に交流していることを認めている、という事実である。したがって、じつはハーバーマスのコミュニケーション論とも――ハーバーマス自身が言うほどには――大きな隔たりはない。にもかかわらず、間主観的生活世界の構造を普遍的に理解したいなら、方法論的に〈私〉の意識から始めるしかない。

この逆説の意味を受け取ることができれば、超越論的主観性以外の場所からの考察は、必然的に認識論のアポリアに巻き込まれることが分かる。ハーバーマスがポストモダン思想を決定的な仕方で論駁できず、その後、相対主義への対抗思想として現代実在論が出てきたことには、私から見ると、認識論的な理由があるのだ。

とはいえ、いずれにせよ、ホッブズとハーバーマスが提起した「暴力に対抗する言語ゲーム」という描像は、フッサール現象学にはない視点である。これは、何のための現象学か、という視座を与える。私たちがまず考えるべきは、〈普遍性〉をつくるための普遍的な動機（＝普遍動機）とは何か、ということなのである。

認識対象の本質学

竹田青嗣は、フッサール現象学を「確信成立の条件の解明の学」としたうえで、その方法を応用展開した「欲望論」を提唱している。欲望論とは、人間を単なる意識存在ではなくエロス的存在（さまざまな情動や欲望をもった存在）とみなし、世界は欲望の秩序である、別言すれば、世界の意味と価値は欲望＝身体に相関して立ち現れる（＝欲望相関性）、と考える立場である。

ここで欲望論の全体像を論じることはできないが、竹田は『欲望論』第一巻において、「認識対象の本質学」という興味深い論を展開している。

はじめにおくべき定式は、認識は同一性の認識でも相対的本質をもつのでもなく、一切の認識は目的－関心相関的であるということである。この定式はさらにつぎの定式をもたらす。すなわち、一切の対象は認識対象としての本質をもつ。（竹田 二〇一七a、六百八頁）

認識の同一性と相対性の議論は、問いの立て方が不合理である。というのも、欲望論的に考えれば、どのような欲望にしたがって対象を認識しているのか、これが最初の問いになるからである。認識の本質は、世界それ自体を正しく写し取ることにではなく、世界を欲望相関的な意味の秩序として捉えることにある。「われわれが客観的な認識、対象の客体性それ自体の認識とみなすもの、たとえば自然科学の認識でさえ、本質的にはこうした欲望－関心相関的な意味＝価値了解の構造のうちにある」（同書、六百九頁）。

だとすれば、すべての対象は、対象としての本質（それは何であるか）と、認識対象としての本質（どのような関心でそれを認識するのか）を持つ。認識対象としての本質という視座は、それぞれの対象領域における関心と方法の再考を促すだろう。ある対象を何のために認識するのか、とまず問うことで、対象認識の際の欲望、関心、志向、動機、観点、目的が明らかになり、その欲望それ自体の間主観的妥当性の検証が可能になるからだ。竹田はつぎのように述べる。

自然科学における認識の普遍性の根拠は、われわれの身体の物理性と自然世界の物理性との

> 相互関係性における共約可能性にある。このことが「数学化」を可能にする。しかし人文科学における認識の普遍性の根拠は、「関係世界」としての生活世界の関係的本質の共約可能性でなくてはならない。すなわち、自己、他者、他者関係、精神世界、集合世界における関係的本質が認識さるべき対象性である（それは「数学化」されえない）。（同書、六百十四頁）

自然科学における普遍性の条件は、身体と自然世界の物理性の共約可能性だが、人文科学で問題になるのは、生活世界の関係的本質の共約可能性である。自然科学は、単位と記号についての規則を定めることで自然的事象を量化し、数学的に記述する。その発展は目覚ましく、数学を基礎とする実証主義は、自然科学を超えて、十九世紀にはすべての客観的学問の模範となる。ところが、人間と文化にかかわる領域の本質、すなわち、自己、他者、他者関係、精神世界、集合世界の関係的本質を、物理的因果性で捉えることはできない。もちろん、複数の事象の因果的相関性であれば取りだせるだろう。しかし、これは諸々の関係的本質の一面でしかない。因果性は多数ある関係性のうちの一つでしかなく、いわば、それは純粋に形式化することによって分離した関係性の上澄みなのである。

着目すべきは、実証主義の方法では価値の問題に迫れない、ということである。たとえ実証的方法で社会的事象や文化的事象の因果的相関性を特定できたとしても、そのとき、善悪、美醜、真偽の本質は置き去りにされてしまう。善や美の本質研究を否定して、社会制度や芸術を量的に分析したとしても、そこにあるのは事実的因果関係のみである。政治的権力の正当性の原理とは何か、人間社会で芸術が持つ本質的意味とは何か。社会や芸術の本質は、事実学では決して明らかにならない。

もちろん、実証主義や量的研究を貶《おとし》めるつもりはない。これらは人間科学や社会科学の根本方法の一つであり、その有効性を認識論的に疑うことにあまり意味はない。だが、実証精神だけで人文学が成就することはない。事実学と本質学は二つで一つであり、互いに補完しあう関係にあるからだ。

人間、社会、文化を学問の対象にする場合、私たちは何のためにそれらを認識するのだろうか。簡単に言えば、こうなる。私たちが私たち自身を理解するためである。他者と折り合いをつけて共に生きるためである。自由になるためである。幸せを感じるためである。いずれの場合でも、認識対象の本質学は例外なく人間的生の意味に関係している、ということが重要だ。

認識対象の本質学は普遍主義の新しい地平を示している。それは本質の普遍性を目指す動機の普遍性の考察であり、すなわち、認識対象としての普遍性の本質である。ただし、普遍動機は一つとは限らない。複数の動機があってよいのだ（たとえば、物理学と倫理学では、認識対象としての普遍性の本質は異なる。前者は、自然を予測したり制御するための普遍性だが、後者は共に生きるための普遍性である）。以下、現象学の中心にある普遍動機を、「善の原始契約」という概念で考えてみよう。

プラトンの善のイデア

プラトンによれば、善のイデアは、善そのものの本質を担うだけではなく、すべてのイデアのイデアである。それは存在しうるすべてのイデアについての「存在の根拠」であり、また、私たちがさまざまな実相を見極めるための「認識の根拠」でもある。善のイデアを抜きにしては、美しさや正しささえもその価値を失ってしまう。プラトンはこう書いている。

認識の対象となるもろもろのものにとっても、ただその認識されるということが、〈善〉によって確保されるだけでなく、さらに、あるということ・その実在性もまた、〈善〉によってこそ、それらのものにそなわるようになるのだと言わなければならない――ただし、〈善〉は実在とそのまま同じではなく、位においても力においても、その実在のさらにかなたに超越してあるのだが（プラトン 二〇〇八、九十四頁）

善は、認識される対象には真理性を、認識する主体には認識機能を提供する。すなわち、真理と認識は善のイデアに依拠している、というのである。すべてのイデアの上位に存在するもの、超越を超越するもの、存在の彼方にあるものが善なのだ。そして、それを知的に把握することが哲学者の使命である、とプラトンは考えている。

善のイデアは太陽にたとえられる。現象の世界において、太陽は見ることと見られることの両方を可能にするだろう。光がなければ、物を見ることはできないし、物が見られることもない。ちょうど太陽が感覚的世界における存在と認識の根本条件であるように、善のイデアは知性的世界で太陽と同じ役割を担う。つまり、それは無数の他のイデアを照らすことで、それらを見えるようにするのだ。逆に、善のイデアが消えると、すべてのイデアは暗闇に沈んでしまう。

ところで善のイデアは、快楽、知恵、美、正義などに文脈化された善の類型とは本質的に性格が異なる。それは道徳的善ではない。個別的な善いもののことでもない。そうではなくて、プラトンは、哲学という営みを支える根本理念を善のイデアと呼んでいる。私はこれを本質洞察の可能性の条件として解釈する。すべての本質は、究極的には、善の方を向いていて、善があるからこその本質学である、ということだ。

このような善の定義は、最初、異様な印象を与えるだろう。それどころか、もしかしたら、非常に独断的な感じがするかもしれない。存在の根拠であり認識の根拠でもあるイデアが、この世界の彼方に実在する。逆に言えば、善のイデアが一切の認識と存在を規定するが、しかし、その実在を目で見ることはできず、知性のみがこれを把握しうる。すると、世界は知性という特権的なロゴスで語り尽くされてしまうような気がする。

さらに言えば、善のイデアの内実があまりはっきりしない。一般に、「よい」という言葉はさまざまに使用されるが、善のイデアは具体的な領域を構成することなく、むしろ本質一般に関係する形式的範疇に近いものとして置かれている。美や正義の本質であれば、善が何らかの仕方で関係しているのは直感的に分かるが、数学や論理学における本質法則の場合はどうだろうか。排中律と善のあいだにいかなる関係があるというのか。さまざまな疑問が湧いてくる。

しかし、それでもプラトンの「善のイデア」という原理は、哲学の普遍動機という観点からは、一考に値するものだ。それは本質学を可能にする条件の考察という問題圏を構成するからである。

具体的に考えてみよう。たとえば、教育の本質を観取する場合、そもそも何のためにその本質を洞察するのかが問題になる。一言でいえば、「よい」教育を構想するためである。ではしかし、どうして「よい」教育を構想することが必要になるのか。それは、「よい」教育を構想することが人間と社会にとって「よい」ことだから、ということになる。ここで、教育、人間、社会の「よさ」がそもそも成立しないのであれば――あるいは、私たちにとって善はどうでもいいもので、善悪の基準はまったく存在しないとすれば――本質学は頓挫せざるをえない。本質学が成立する条件を追いつめていくなら、その根底に善があるという主張にはそれなりの理があるのだ。

それでは、教育の本質とは何か。苫野一徳は、現象学をメタ方法論として教育学に適用し、教育の本質学を展開している。苫野は、（公）教育の本質について、つぎのように述べている。

公教育は、法によってルールとして保障された〈自由の相互承認〉を現実に実質化するものという本質を持っている。別言すれば、公教育は、各人の〈自由〉の実質化と社会における〈自由の相互承認〉の実質化という、互いに重なり合う二重の本質を持っているのだ（苫野二〇二〇、百八十八頁）。

教育の本質を考える場合、人間的欲望の共通性（＝自由への欲望）を適切に反映する社会の原理をまず解明し、そのうえで、教育の指針原理を提示しなければならない。苫野は近代社会の原理を「自由の相互承認」に見出すが、そこで公教育の本質は、一方では社会における「自由の相互承認の実質化」、他方では各人の「自由の実質化」のうちにある。したがって、個人と社会という二つの次元で自由を実質化していくところに、よい教育は成立する、というのである。

　こうしてみると、善の内実は領域ごとに具体化されうる、ということが分かる。善のイデアとは、さまざまな領域の善を束ねるメタ理念のことであり、すべての善が共有する本質にほかならない。しかし、逆に言えば、善のイデアだけでは足りない。それぞれの領域に固有の「善」が主題化されなければならないのだ。本質学の中心には善がある。善のイデアは本質直観のいわば暗黙の前提なのである。

　ところが、現象学の立場では、これをそのままの形で引き継ぐことはできない。プラトン的イデア主義は、独断的本質主義に転化する可能性があるからだ。善のイデアは世俗化される必要がある。存在の彼方に君臨する善のイデアを、人間の言語ゲームの中心に向かって引きずりおろすのだ。そうして世俗化された善のイデアは、「善の原始契約」と呼ばれるのがふさわしい。

善の原始契約とは何か

善のイデアが「認識の根拠」と「存在の根拠」だとすれば、善の原始契約は「生成の根拠」である。人間と社会の本質学の中心には、（暴）力のゲームに対抗しつつ、全員でよりよいアイディアを出しあうことに関する最初の約束がある。この最初の約束が、現象学の普遍動機となり、本質直観の努力を持続させることを可能にする。力のゲームの発現と脅威を自覚すること、現象学的言語ゲームを起動して、それを維持すること——これが初めの、そして最も肝要な善さなのである。

すなわち、公共的な言語行為としての超越論的本質学の核心には、互いを対等なプレイヤーとして承認したうえで、人間と社会の本質についてよりよき考えを見出そうとする集合的意志がある。この意志を想定することができないなら、本質学は成立しないのである。

哲学の歴史を振り返ると、善の類型はいくつか存在する（快楽、知恵、有用性、美、超越的法則、力の充溢《じゅういつ》、他者の無限性など）。また、具体的領域の善を取りだすためには、各領域に固有の諸問題をよく表現する概念を用いた分析が求められるだろう（心、教育、社会、医療、ケアなど）。したがって、抽象度の高い善の原始契約という概念がなくても、善についての議論は実際に行なわれてきたし、むしろ具体的かつ個別的な善を論じることの方が哲学的には重要な課題である、という意見もあるかもしれない。ところが、普遍認識を目指す言語ゲームの根本動機について合意が出なければ、一切の試みは挫折する運命にある——。

いったい何のために普遍性を目指すのか、そして、かりにこのゲームを放棄した場合、どのような場面に差し戻されるのか。これらのことを曖昧な仕方で了解していると、普遍認識の可能性を投げ出しても問題は起こらないという錯覚に陥ってしまう。そうして私たちは、言語ゲームの重要な機能を忘れてしまうのだ。

普遍性の断念は、じつは力のゲームによる世界の制圧以外の何ものでもない。そのとき、学問は最悪の機能不全に陥ってしまう。そう考えてみると、善についての個別的な議論を支えるのが、言い換えると、善の言語ゲームのゲーム性の根本条件になっているのが、まさに善の原始契約だということが理解される。

現象学的言語ゲームの核心にある初めの約束を「善の原始契約」と呼んでおけば、私たちはこれを本質学の基本指針にすることができる。善のイデアは「本質の存在」を基礎づけるメタ理念であったが、善の原始契約は「本質の生成」を可能にする基礎条件として働く。善の原始契約を土台にして初めて、さまざまな本質洞察を公共的な議論に開いて、それらを間主観的かつ歴史的な検証にさらすことが可能になる。私たちは漠然と普遍性を目指すことはできない。

これまで確認してきたように、現象学の目的は、無条件に実在する絶対的真理を発見することではない。現象学的還元はあくまでも方法的な態度変更なのだから、私たちはいつでも言語ゲームを止めることができる。しかし、もし止めてしまうなら、力のゲームが支配する社会になりかねない。ここに善の原始契約の原理的正当性があるのだ。

もちろん、すべての人がそこに参加しなければならない、というわけではない。さらに言えば、すべてのことがらについて普遍性を創出することはできないし、その必要もない。普遍性要求に応えるのが現象学の仕事であり、私たちが求めなければ普遍性は与えられない。契約に同意してゲームに入るかどうかは、基本的に自由なのである。

しかし私たちは、普遍性が成立しない領域については、（一）相互主観的確証に至らない本質条件、（二）差異の相互承認の必然性、という二つの重要な契機に関する考察を深めていくことができる。差異と普遍性をともに手放さないためには、こういう地道で不確定な作業を（世代を越えて）持続していかなければならない。

繰り返すが、現象学の立場からは、実体的性格がつきまとう善のイデアをディアレクティケー（問答法）の中心に据えるのではなく、あくまでも人間の言語ゲームの内側でさまざまな本質を導くための初めの善さに合意することが要請される。つまり、それは「相互承認」と「相互主観的確証」を原理とする超越論的本質学を開始して、その言論空間を維持することそれ自体だが、具体的内実は以下である。

（一）「力による決着」から「言葉による合意」へと意志決定の手段を変更する。私たちは力のゲームに対抗することに善の普遍的根拠を見出す。間主観的コミュニケーションによる合意の可能性を断念すれば、力だけが一切の決定原理になる。普遍認識のための間主観的努力を持続させるために、「善の原始契約」が結ばれる。

（二）現象学は全員を対等な人間として承認する。この公正さに例外はない。力のゲームに対抗するはずの言語ゲームの内部に、力の論理を持ちこんではならない。「文化の多様性」を壊さないようにしつつ「人間の普遍性」を了解するために、エポケーと現象学的還元によって、それぞれの〈私〉は超越論的態度に移行する。

（三）複数の超越論的主観性が担う現象学的言語ゲームの目的は、普遍的に妥当する本質を洞察することだが、これは必然的に公共的なものとなる。〈私〉が見ている本質を記述するだけではなく、それを公共的な言論空間において試すことのうちに、普遍性創出の可能性は存する。

（四）それぞれの領域は異なる普遍動機を持つ。善の原始契約は多様な普遍動機を束ねるが、善のイデアがそうであったのと同様に、善の原始契約もまた抽象的性格を免れえない。言い換えると、それは具体的領域の普遍動機として十分ではない。したがって、すべての普遍動機を支える善の原始契約は、各領域で具現化される必要がある（先に示した教育の例を思い出してほしい）。

私たちは、善の原始契約を基本指針として、現象学の言語ゲームを開始することができる地点にまで来た。しかし、その実質的内容はまだ明らかになっていない。現象学的言語ゲームはいかなる地平を示すのだろうか。考えてみよう。

三　現象学的言語ゲーム

他者の現象学――モナドのコミュニケーション

意識体験の絶対性に注目すると、現象学は単なる独我論のようである。〈私〉だけが存在していて、〈私〉は〈私〉の内的世界を確かめることしかできない。それどころか、〈私〉と他者が共有する現実世界は存在しないかもしれない。現象学的還元を遂行した後の世界に、はたして他者は他者自身として存在しうるのだろうか。

フッサールはこうした疑義を自覚している。『デカルト的省察』（一九三一）における他我《たが》論は有名だが、フッサール全集十三―十五巻には、感情移入論、身体論、共同体論、コミュニケーション論、モナドの目的論などを含む膨大な論考が収められている。

『デカルト的省察』第五省察で分析された他我論のポイントはこうである。

（一）現象学的還元によって超越論的主観性が開示されるが、〈私〉は、〈私〉と同じように自我を持つ者として、他者の存在を確信しており、さらには、他者と共に同一の客観的世界に生きていることも確信している。したがって、超越論的主観性は「超越論的間主観性」へと展開されうる。言い換えれば、自我論はモナド論になる。

（二）他者に対する志向性は「感情移入」である。〈私〉は自我と身体の連関、すなわち、心と体がいかに連動するのかを原的に経験しているため、〈私〉の身体と似た仕方でふるまう物体を見ると、そこに対化（二つの対象がペアになること）の「連合」が働き、一瞥のうちに、その物体が自我を伴った身体であることを確信する。つまり、他者の表情や身体表現が他者の内的な生を告知し、〈私〉は——受動性のレベルで、オートマティックに——他者に自己を移し入れるのである。他者の身体は現前するが、他我は「共現前」する。

（三）〈私〉は、他者が〈私〉と同じように世界の存在を確信している、ということを確信する。したがって客観的世界は、すべての人が共有する同一の世界という意味を持つことになる。それぞれの超越論的自我（＝モナド）は互いにとって存在しており、複数のモナドが相互に交流することで、（社会的）共同性は作り出される。

フッサールの他者論に対しては、シェーラーやレヴィナスをはじめとして、これまでに多くの批判や異論が出されてきた。しかし、私の見るところ、批判者のほとんどはフッサールの認識論的動機と超越論的問題をうまくつかめていない。ここではモナドのコミュニケーション論を概観することで、現象学は独我論であるという通俗的理解を払拭しておこう。

さて、「モナド」はライプニッツに由来する概念だが、フッサールは、人格、習慣、歴史性を伴った具体的な自我をモナドと呼ぶ。それは発生的‐間主観的に捉えられた超越論的自我のことである。現象学は一切を意識に還元して世界構成を分析するが、その意識には複数のモナド（＝他者）が――〈私〉の確信として――含まれている。フッサールは、こう述べる。

私自身にとって疑いの余地なく与えられる我《エゴ》、絶対に疑いの余地がなく私によって存在するものとして措定されるべき唯一のもの、それがアプリオリに世界を経験する我《エゴ》であることができるのは、それが他の同様の我《エゴ》〔他者〕とともに共同性のうちにあり、我《エゴ》から方位づけられて与えられた、モナド達の共同体の構成員であることによってのみである。（フッサール二〇〇一、二百四十八―二百四十九頁。〔　〕内は原文）

方法論的観点からは、超越論的主観性の優位は動かず、すべてを意識において考える態度は守られなければならない。しかし、超越論的主観性は孤立しているわけではなく、他の超越論的主観性との共同性のうちにある。世界を経験する我には、モナド達の共同体の構成員という意味、「〈相互に互いにとって存在する〉ということ」（同書、二百三十二頁）が含まれているのだ。

複数のモナドは、受動性と能動性の二つの次元で、感情移入を通したコミュニケーションの只中にいる。「モナドは他者からの影響を受け入れるための窓をもっている」（フッサール 二〇一五、二八七頁）。そのようにして、複数のモナドは物理的な自然世界だけではなく、精神的な文化世界をも共に構成する。すなわち、間モナド的コミュニケーションは意志や価値づけといった精神的なものの共有を可能にする、ということである。「話しかけること」と「傾聴すること」という二つの契機が「社会性」を構成するのだとすれば、モナドは独我論的世界に閉じ込められているわけではない。

> したがって、社会性の基礎づけに属するのは、私と共現前された相手の側からの幾重もの層になった能動性である。すなわち感情移入しつつ、しかも能動的に入り込む他者《フレムト》の知覚において、その人を特定の作用に動機づけるような意図で他者に向かったり、その人に語りかけ、語りかけることで自分の意図を告知することや、共有する状況において、私の語っている内容や私がその人に向かっていることそのものを理解するように動機づけることをとおして、その人を動機づけることが属している。（フッサール 二〇一三、三百九十六頁）

コミュニケーションは要求と応答を繰り返しながら進んでいくが、その動機づけの作用は相互的なもので、モナドは互いの意を交換することで、社会的関係性を維持する。もちろん、どんな場合でも伝達が成功するとは限らない。相手にうまく伝わらないときには、表現や伝達の方法を変えて、何とか伝えようと努力するだろう。コミュニケーションには、言い直したり、訂正したり、撤回したりする可能性が含まれており、その繰り返しによって意味の伝達が行なわれるのである。

すぐに思いつく反論はこうだ。間モナド的コミュニケーションによって現象学が独我論のイメージから解放されるのはよいとしても、これはあまりに素朴すぎるのではないか。そもそも、意味や意図が本質的に多義的である日常言語によって正確に表現される保証はどこにもない。さらには、表現された内容は相手に正しく伝達されうるのだろうか。換言すれば、他者は〈私〉の言いたいことをそのままの形で理解している、と言えるのだろうか。コミュニケーションは誤配の可能性をつねに含むのだから、普遍認識の可能性などありえない――。

しかしながら、現象学的に考えれば、意図―表現―理解の系列に客観的な一致を求めること自体が、主客一致の認識問題への差し戻しを意味する。竹田青嗣が論じるように、「発語主体」と「言語表現」の関係と「言語表現」と「受語主体」の関係の構造的本質は、「確信成立の条件」として考察されなければならないのである（竹田 二〇〇一、百十七頁）。

端的に言えば、コミュニケーションを通して意味の伝達が成功したかどうかは、間主観的な確信としてだけある、ということだ。うまく伝わっていない、うまく受け取れていない、という感じを持つときに、私たちはもう一度別のやり方でコミュニケーションを再開する。そして、それ以外の方法はなく、それ以上問うことに意味はない。現象学ではこのことが底板であり、意識を超越した（言語的意味の）差異と同一性は、その想定そのものが形而上学に属することがらなのである。

〈私〉の伝えたいことが言語で完全に表現されていて、その表現を他者がそのまま理解していることを客観的な仕方で証明することはできない。にもかかわらず、間主観的な確信としてなら、コミュニケーションは状況や関係性のコンテクストにおいて成立する。あるいは、こう言ってもいいかもしれない。コミュニケーションにおける意味が完全な同一性としてあるかどうかは決して証明できないが、間主観的な意味の伝達（の努力）は十分になされている、と信憑する条件であれば――意味の伝達は目的相関的なものである――誰もが自分の体験から取りだすことができる、と。

ところで、ハーバーマスが考察したように、フェアなコミュニケーションを成立させるための本質条件をさらに考えてみることもできる。たとえば、金銭関係や権力関係なしに、それぞれの参加者が自由かつ対等な立場で発言や疑義を出す権利を確保することは、コミュニケーションのための重要な条件である、と言えるだろう。

さて、本題に戻ろう。他者の現象学では、超越論的主観性の方法論的優位をそのまま保ちながら、複数のモナドが担う間主観性が導出される。これは現象学の営みを複数の超越論的主観性が本質を見出そうとするコミュニケーションの総体として見ることを意味するが、やはり注意すべきは、超越論的主観性を放棄して超越論的間主観性に転向するのではない、ということである。間モナド的コミュニケーションは現象学的還元を前提しており、どこまでも超越論的主観性において間主観的確信は構成される（他者の確信を〈私〉が確信する）。とりわけ、ハーバーマスやシュッツなどのコミュニケーション論と比較した場合、このことが重要である。

ウィトゲンシュタインの言語ゲーム論

ウィトゲンシュタインが提起した「言語ゲーム」は、さまざまな領域で用いられる汎用性の高い概念である。たとえば、構築主義によると、すべての認識はローカルな言語ゲームを通して相対的に構築されたものにすぎない。逆に、超越論的遂行論を提唱するカール＝オットー・アーペルは「超越論的言語ゲーム」という概念を提起することで、間主観的な批判的討議を可能にする普遍的条件を探究する（アーペル 一九八四）。つまり、相対主義でも普遍主義でも用いられるのだ。

しかし、ウィトゲンシュタインは相対主義と普遍主義のどちらかの立場を支持してはいない。彼は言語を使用する人間の生活全体とは何かを考察している。私が言語ゲームというアイディアから受け取るのは、つぎのことである。

（一）　語の「意味」は、それ自体として存在するイデアや、語に対応する対象ではない。それは、語が言語ゲームでいかに使用されているのか、ということのうちに示される。

（二）言語ゲームを支えるのは「生活形式」である。人間の生の様式から言語ゲームは生成する。したがって、それぞれの言語ゲームには、人間の生活が反映されている。

（三）すべての言語ゲームが共有する本質はない。複数の言語ゲームのあいだには「家族的類似性」があるだけで、厳密な規則の一致を見出すことはできない。つまり、ルールブックの決定版は存在しない。

（四）言語ゲームはつねに流れており、未来に対して開かれている。それは人間の生活形式と一緒に生成する時間的概念であり、緩やかに構造化されつつ、しかし必ず未規定の新しい地平を伴う。

ウィトゲンシュタインは、ある講義のなかでこう述べている。

語とチェスの駒には類似性がある。——ある語の使い方を知っていることはチェスの駒の動かし方を知っていることに似ている。では、規則はいかにしてゲームをプレイすることの内に入り込むのか。ゲームをプレイすることと、やみくもに駒を動かすこととの違いは何なのか。〔中略〕ある駒の使い方を知っていることは、けっしてゲームの進行に伴って進行する特定の心的状態ではない、と言いたい。語の意味は使用規則によって規定されるべきであり、語に付随する感じによってではない。（アンブローズ 二〇一三、五十頁）

言語全体をチェスのようなゲームとして捉えると、語とチェスの駒の類似性に気がつく。チェスの駒の動きは規則によって定められている。それとちょうど同じように、語の意味はその語をいかに使用するのかについての規則によって決まる、というのである。「ある語の意味とは言語におけるその使用である」（ウィトゲンシュタイン 二〇二〇、五十五頁）。使用の規則は心的状態に還元されないし、それを思いのままに変更することもできない。規則はある種の客観性を持つからである。

具体的に考えてみよう。AがBに「水！」と言う場合、これは何を意味するだろうか。語の意味を対象と同一視する場合、「水！」という表現は、水という対象そのものを意味することになる。しかし実際には、意味の成立は使用によって変化する。AとBがテーブルについていて、水の入ったコップが落ちそうなとき、Aが「水！」と言えば、その言葉はコップの入った水が落ちそうであることをBに伝達する。Bがキッチンにいて、（亭主関白で偉そうな）Aが「水！」と言えば、「水を一杯くれ」という意味になるだろう。もちろん、「水」という語は無条件に自由に使用されるわけではない。言語ゲームは水の意味の一般性を利用して遂行される。だからこそ、そこに一定の規則が生まれる。

以上のように、語の意味は、言語ゲームにおけるその語の使用によって決まる。言い換えれば、その語はゲームの内側でどうふるまうのか――これが意味の源泉だというのである。そこには状況や関係性の了解も含まれるだろう。たとえば、二番目の例で、AとBが初対面だとしたら、「水！」というAの発言の意をBが受け取るとは考えにくい。状況や関係性を含むゲーム全体についての相互的な了解があるから、語の「意味」は（一つの信憑として）収束していく可能性がある。

ところが、ここで注意したいのは、言語ゲームの規則を自然法則のように厳密に規定することはできない、ということである。「規則はけっしてなんらかの種類の実在に応じて出てくるものではなく、恣意的なのである」（アンブローズ 二〇一三、五十一頁）。規則はプレイヤーから独立してあるが、しかし、実在するわけではなく、厳密な規則が言語ゲームを隅から隅まで拘束しているわけではない。

チェスがゲームとして成立するためには一定の規則を必要とするが、チェスの駒をどのような力加減で持ち、どのくらいの勢いでチェス盤に置くかは、決められていない。ちょうどそれと同じように、これまでにはないスタイルで語を用いる可能性、さらには、規則そのものを変更する可能性をそのうちに含みながら、言語ゲームは未来へと流れ込んでいくのだ。だから、どのような言語ゲームにも新しい未来の時間地平が属している。

さまざまな言語ゲームがありうるだろう。言語ゲームは新しく生まれるし、ゲームからプレイヤーがいなくなったら、廃れて消えていく。言語ゲームは人間の活動であり、それは「生活形式」を反映する。だとすれば、生活形式に変化があれば、言語の構造も変化することになる。

「ある言語を想像するとは、ある生活の形を想像することなのだ」（ウィトゲンシュタイン 二〇二〇、三十一頁）。

人間の生活が一定の秩序や構造を持ちながらも、本質的には自由であるように、言語ゲームの内実を完全に規定して、言い尽くすことはできない。そうしようと思って生を開始できないのと同じように、世界に生まれ落ちたときには、言語ゲームはつねにすでに作動していて、否応なしにそこに巻き込まれる。そうして、生と言語ゲームは一緒に展開するのである。

家族的類似性とは何か

では、すべての言語ゲームに共通する性質はあるのだろうか。ウィトゲンシュタインはこう書いている。

> 我々が言語と呼ぶすべてのものに共通なものを提示する代わりに、私は次のようなことを言っているのだ。すなわち、これらの現象に共通なあるものが存在して、我々はそれがゆえにそれらすべてに同じ言葉を用いているのではまったくなく、――むしろそれらは相互に様々に異なった仕方で類似しているのだ、そしてこの、あるいはこれらの類似性のために、我々はそれらすべてを「言語」と呼ぶのだと。（同書、七十五頁）

この考えは「家族的類似性」と呼ばれる。言語は緩やかな規則を持つゲームだが、すべての言語ゲームが共有する一つのもの——現象学的に言えば「本質」——は存在しない。それぞれの言語ゲームは、家族のメンバーのように似ているが、同一のものではない。しかも、それはいつも生成の途上にある。ゲームをしながら、古い規則を修正したり、新しい規則を作ったりすることができるし、私たちが気づかぬうちに、ゲーム自体が変化していることもあるかもしれない。複数の言語ゲームのあいだに完全な同一性はない、というのである。

興味深い洞察である。言語とは何か、それはゲームのようなものだ、とウィトゲンシュタインは言う。しかしながら、すべてのゲームが一つの本質を共有することはなく、家族のメンバーのような類似性だけがある。それぞれのゲームは止まることなく流れているし、少しずつ微妙に違っている。この点で、言語ゲーム論と現象学は意見を異にする。フッサールであれば、そこに「形態学的本質」を洞察するにちがいない。

たしかに、ウィトゲンシュタインが述べるように、すべての言語ゲームに共通する同一の要素はないかもしれない。だが、言語ゲーム一般には、構造的な同型性があるのではないだろうか。たとえば、規則を一切持たない遊戯は、ゲームとは呼べない。ゲームによって具体的な規則は異なるにしても、ゲームは一定の規則を有する、という構造は動かしがたいはずだ。さらに言えば、「言語とはゲームである」というテーゼは、言語の本質をゲームとして捉えている、と見ることも可能である。

実際、ウィトゲンシュタインは、構造的もしくは形態学的本質を認めているようにも思われる。たとえば、家族的類似性の概念は、ぼやけた境界線で構成された絵と、シャープな境界線で構成された絵の比較によって説明される。形や配置は似ているにしろ、二つの絵のあいだには明らかな差異がある。したがって、二つの絵は親戚関係にあり、そこに家族的類似性が見出されるということ以上の何かを言うことはできない（家族的類似性だけが存在する）。

ところが、よく考えてみると、絵が何らかの仕方で分節されており、そこに何らかの配色があること自体は、似ているのではなく、同一のことである。具体的な分節の仕方は異なる二つの絵でも、それらがある仕方で分節されているという形態学的な構造は同じである。

それだけではない。二つの絵が似るためには、それらの形や配置が似ていなければならないだろう。形や配置の境界線は厳密に一致していなくても、その全体の形態は同じである、ということだ。もし形態がまったく異なるのであれば、私たちはそこに家族的類似性を見出すことすらできない。ある観点による類似性は、別の観点での同一性を前提するのである。（最も形式的には、私たちは二つの「対象」は似ている、と言うだろう。）

このことは人間の生活形式そのものにも当てはまる。たとえば、善悪の具体的対象は文化や社会によって異なるかもしれないが、善悪の秩序を一切持たない共同体は存在しない。善悪の基準が制定されるのは、それが複数の人間が共に生きるための根本条件になるからである。また、すべての人は一回限りの自分の生を生きて、いつか死んでしまったらもう二度と蘇ることはない。具体的な生の内実は違っていても、生—死の構造は同一である。

つまり、こうだ。赤ん坊が世界に生まれてきて、家族（他者）に迎えられて、周囲の他者と少しずつ関係性を作り、楽しいことも辛いことも経験しながら、徐々に老いていき、何かのきっかけで死ぬ。こういう人間の条件は変わらない。生の現場で言語ゲームは生成するのだが、そこには人間の生活の営み全体に共通する普遍的構造が——悟性的には決して理解できない生の偶有性すらも——映し出されている、と言うべきなのである。

家族的類似性と形態学的本質は、ウィトゲンシュタインとフッサールの哲学の特色をよく表わす概念だが、二人はそれほど違うことを言ってはいない。（意味に関する）絶対的な差異と同一性という考えを解体したうえで、ウィトゲンシュタインは類似性を、フッサールは本質を論じるのである。認識論的な観点からは、彼らは非常に近い場所にいる、とさえ言えるだろう。

さて、私の考えでは、言語ゲームというアイディアを現象学に適用すれば、現象学者が本質直観を用いて何をしようとしているのかが明確になる。あえて言語ゲームの側から現象学を眺めてみると、現象学は、大小さまざまな言語ゲームに共通する形態学的本質を観取するメタ言語ゲームとして見えてくるのである。

現象学的言語ゲームの可能性

現象学を複数の超越論的主観性が本質の獲得を目指す普遍的言語ゲーム、すなわち「現象学的言語ゲーム」とみなすこと――これが私の提案である。すると、現象学に対する三つの根強い誤解を解くことができる。以下、それぞれの誤解に応答しつつ、現象学的言語ゲームの可能性を示してみたい。

モナドたちのプラクシス

現象学は一切を意識に還元するので、現象学の方法では他者、関係性、社会の本質は考察できない。少なくとも、そこで現われる他者は、〈私〉の悟性的範疇に回収される〈私〉の類似物にすぎない。したがって、現象学はデカルト以来の認識論的伝統を踏襲した独我論である。こうした批判は現象学の内側からもなされてきた。

特に、『イデーン』第一巻で歩まれた「デカルトの道」では、フッサールはデカルトの方法的懐疑にならって、一挙に超越論的主観性という新しい探究領野を開示する。その歩みは、ひょっとしたら、独我論的印象を与えるかもしれない。現象学的記述は孤独な心的生活を送る者の省察にすぎない。そのように思われるのである。

ところが、先に述べたように、モナドは「感情移入」によって互いに交流している。だとすれば、現象学はデカルト哲学の単なる焼き直しではない。むしろ、超越論的現象学は超越論的な間主観性の現象学に至るときに初めて、その真の射程が明らかになるのだ。なぜなら、その段階でようやく、現象学における普遍性の内実は、複数の超越論的主観性による相互主観的確証である、ということが際立ってくるからである。

現象学は孤立したコギトのテオリア〈観想〉ではなく、複数のモナドのプラクシス〈実践〉である、と言ってみることもできるだろう。私たちは、互いの差異に関しては「相互承認」したうえで、しかし必要な領域で「相互主観的確証」を獲得するために、批判と検証に開かれた言語ゲームを実践するのだから。

ところで、つぎのことには注意が必要である。すなわち、主客一致の認識問題を解決するという目的に照らして考えれば、やはり〈私〉の意識から出発するしかないのであって、この点でデカルトは正しいということである。現象学的言語ゲームは、認識の複数性を認めたうえで、人間と社会一般に妥当する普遍的本質を洞察する哲学だが、現象学における最終的な認識の根拠は、直観を通して各々の意識に与えられる対象の自己所与性である。他者や社会の本質を考えようとすると、どうしても意識の明証を放棄して間主観性から始めたくなるが、それでは本末転倒なのだ。超越論的主観性の認識論的優位はそのままにして、本質直観を公共的な言語ゲームとして展開する。これがフッサールの成果を活かす道である。

幸福と自由を守るための〈普遍性〉

現象学でいう本質は、この世界の彼方に存在するイデアではない。それは伝統的な実体概念とは異なり、変転する仮象の対概念ではないし、また、個々の事実から独立してあることで事実に対して存在論的優位にあるのでもない。むしろ、本質は個々の事実において示されるのだから、事実と本質は相互性の関係にあるのだ。本質なき事実は存在しないが、事実なき本質も存在しない。現象界とイデア界の区別を現象学は持たない。

エポケーと現象学的還元が、一般本質学から超越論的本質学を区別するためのメルクマールになるだろう。本質はそれ自体として客観的に存在するのか、という形而上学の問いから離れることで、現象学における本質は意識対象という存在論的身分を獲得する。そうして、意識の相関概念としての本質の研究は始まるのである。

ならば、こう言える。現象学の本質は、直観のうちに見出される内在的対象であり、特定の人や集団を抑圧する超越的な規定性ではない。それどころか、抑圧や差別の力学に対抗するために、現象学は構築主義と協働できる。本質は目的相関的に観取されるのだから、普遍動機が成立しない場面で、本質の普遍性はありえない。現象学のなかに、実体的カテゴリーを利用して対象の価値を貶めるという意図は皆無なのである。いかなる構築であれば普遍的な妥当性を有するのか、そして、さまざまな構築から抑圧的なものを取り除いて、自由と連帯を促進するための構築はいかに可能か——これが現象学と構築主義の共通の課題になるはずである。

本質の普遍性は諸悪の根源ではなく、むしろ自由、人権、正義などの基礎概念に基づく社会の枠組みを根底で支えるものである。たとえば、自由の普遍性がなければ、社会的 - 文化的マイノリティの権利はありえない。というのも、一部の人間の自由だけが認められるなら、自由を与えられた特権階級が一切を力で決定することになり、そのとき、弱い立場にいる人や虐げられた人、あるいは何らかの理由（病気や言語など）で自分の意志を社会に伝えることができない人の不合理な状況を考慮する義務は、どこにも存在しないからである。さらに言えば、出生と同時に背負わされる生の諸条件を変えていく可能性も無きに等しい。身分や階級があらかじめ決められているのだから、私たちはただ与えられた生を受け入れるしかなくなる。普遍性はマジョリティに奉仕するものではない。私たち全員が、例外なしに、それぞれの生き方を決定していくための根本条件なのである。

構築主義は、マイノリティの声の受け皿となることで、自らの動機の正当性を確認する。しかしながら、近代哲学が見出した自由の普遍性を前提しなければ、弱い立場を代弁することも数ある理想の一つにすぎなくなる。構築主義の理論は、普遍認識の原理と方法をそこに組み入れない限り、思想としての力を持ちえない。

たしかに、素朴な普遍主義や本質主義には、抑圧と排除のリスクが潜んでいる。だからこそ私たちは、普遍性が硬直した全体性にならないための条件、ともすれば言語ゲームに働き始める排除の力学を抑止する条件を考えねばならないのだ。そして、まさにその認識論的条件こそが現象学的還元にほかならない。

重要なのは、言語ゲームは生成の概念である、ということだ。語の意味というものは非実在的なものであり、その源泉は言語ゲームにおける語の使用にある、とウィトゲンシュタインは論じる。言語ゲーム論を援用すれば、現象学をこう解することができるだろう。すなわちそれは、どこかに客観的に存在するはずの本質を見つけようとする孤独な省察ではなく、本質（意味）を間主観的確信として生成させる言語ゲームなのだ、と。

本質直観は「複数の超越論的主観性による間主観的－歴史的プロジェクト」であり、本質の普遍性とは「すべての超越論的主観性が洞察し確証できる、意識作用と意識対象の構造の間主観的同一性」のことなのである（岩内 二〇二〇、三百十一頁。強調は省略）。ところで、同じ〈普遍性〉の哲学でも、現代実在論からは生成の原理は出てこない。それは普遍性の実在を主張する哲学なのだから。

普遍性は実在するのか否か、この問いは必ず信念対立に帰着する。どのような条件があれば普遍性を創出できるのか、と問うこと――これが現象学の核心にある思考である。数学や論理学はその条件を持つだろう。自然科学にもある。現象学は、数学や論理学の客観性を疑ったりしないし、現実世界の実在性を単なる主観的観念に還元したりもしない。ただ、それらの広範な客観性の意味を――誰もが納得できる仕方で――理解しようとするのである。

人間の「普遍条件」（たとえば、死、共同性、身体、自由（＝自我の欲望））と、普遍条件から導かれる「普遍動機」(たとえば、善の原始契約)、これらが普遍性を可能にする。逆に言えば、普遍性は人間の自由と幸福を守るためにある。人間は自由を求める存在である、ということに普遍性がなければ、人文領域での普遍認識が——不可能とまでは言わないが——かなり難しい課題になるのは間違いないのである。これについては終章で改めて考えよう。

形而上学への誘惑を断ち切る

思弁的実在論は、カントが認識不可能とみなした物自体にアクセスする可能性を模索して、認識と存在の相関性を突破しようとする。第一章で簡潔に説明したように、カンタン・メイヤスーは、認識と存在の相関性に閉じ込められた哲学を「相関主義」と呼び、その哲学的限界を指摘した(メイヤスー 二〇一六)。思弁的実在論の理屈にしたがえば、意識相関的に世界を眺める現象学は相関主義の一つである。しかし、このこと自体に異論はない。

反論したいのは、つぎのことに対してである。メイヤスーによると、相関主義は「信仰主義」に帰結して、最終的には「不可知論」(絶対的なものは知ることができないという主張)に陥る。「大いなる外部」を喪失した相関性の内部では、いかなる理性的主張も一つの信仰にならざるをえない。なぜなら、相関主義が告白するのは〈私〉の思考内容(=信仰)にすぎず、全く異なる仕方で世界を見る他者が存在する可能性が残り続けるからである。

世界が現にこのようになっているという事実性のその先に、相関主義的理性は進むことができない。意識への現われを突破することができず、世界の事実を――世界がそうなっている理由を知ることなく――受け入れるしかなくなる。したがって、現象学は世界の真の姿については何も知りえない。つまり、不可知論とみなされる。思弁的実在論から見れば、現象学は相対主義の哲学にほかならないのだ。（ポストモダン思想とは反対の批判になっている。）現象学は物自体の認識を断念した信仰主義的不可知論にすぎないのだろうか。

　思弁的実在論のモチーフは、ハイデッガーやシェーラーと重なるところもあって興味深いが、私はむしろ、人間の認識を超越した真理への意志の断念が、最も注目されるべき現象学者の矜持《きょうじ》である、と考える。人間というものは、意識体験の外側に本当は何があるのかを知りたくなるし、この世界の彼方に憧れることもある。形而上学や芸術は、そういう人間の心性に訴えかける力を持つだろう。しかし、現象学は、普遍学としての哲学をやりたいのであれば、意識体験に踏みとどまれ、と主張する。普遍論争がいつまでも飽きずに変奏される状況を終わらせるために、そうするのである。

　私たちは、超越への憧憬につい身を任せてしまうことがある。それどころか、超越的なもの・彼方にあるものに憧れることは人間の欲望の本性である、とさえ言えるのかもしれない。しかし、哲学を利用してこの欲望を昇華させようとすれば、その形而上学的思弁は、同じようなロマンを持つ者だけで分かちあう一つのお伽話《とぎばなし》になっているのだ。思弁的実在論や新しい道徳的実在論は、その典型のようである。

ウィトゲンシュタインが示したのは、言葉は人間の生の営みの内側でのみ意味を持つ、ということである。誰もその外部に立つことはできない。人間は、出生と同時に言語ゲームに巻き込まれて、そこで要求と応答を繰り返しながら、複雑な社会的関係を作り出す。そうして、他の動物とは本質的に異なる欲望と、それに相関する「世界」を獲得する。だから、欲望と世界の秩序には、人間の生活に蓄積した間主観的‐歴史的意味が入り込んでいる。それぞれの個体は生まれて死ぬだけだが、全体としてみれば、言語ゲームは持続しているのである。

もちろん、言語ゲームの規則は変化する。それは完全な同一性を保っていない。言語ゲームを実体化して、人間は言語ゲームによって支配されている、と言ってしまえば、これは完全に転倒している。言語ゲームの根底には生活圏があり、その形式が変われば言語ゲームも変わる。しかし、言語ゲームは偶有性のカオスではなく、一定の形態学的構造を持っている。人間の普遍条件が生活形式に反映されているからである。

たとえば、志向性という意識の本質は、体験を反省してみれば、どんな人でも確証することができる。意識は必ず何ものかについての意識になっているはずだ。事物知覚の一面性（＝射映）はどうだろうか。事物それ自体をまるごと知覚することは誰にもできない。これらは人間の身体性という普遍条件に基づくが、フッサールが――真理への形而上学的欲望と引き換えに――洞察したものである。現象学が信仰主義でも不可知論でもないのは明らかであろう（とはいえ、上記のことも検証と確証に開かれている）。

たしかに、獲得された本質が歴史に耐えうる普遍性を持つかどうかは、実際に検証されてみないと分からない。普遍条件があれば確証されるし、なければ確証されないだろう。人間の条件が根本的に変化すれば、本質の秩序も変化するかもしれない（人間が不死になったら、死の本質はどうなるだろうか。死はナンセンスに、あるいはひょっとしたら、渇望の対象になるかもしれない）。しかし、逆に言えば、人間の条件に共通性がある限り——普遍条件と普遍動機の不可能性が決定的な仕方で証示されない限り——文化的差異を越境した普遍的本質を探究する現象学的言語ゲームは、そのときどきの世代と場所を越えて、前に進んでいけるのである。

言語ゲームの外部に立つ絶対他者

言語ゲームに入れない他者について考えよう。スピヴァクは、サバルタンは語ることができない、と述べた。一者を超越する絶対他者である。現象学的言語ゲームの普遍性は、そこに参加できる者だけが満足するためのものであり、実質的には、社会の片隅にいる者の心情は表現されないのか。本当に困っている者の声は、いわば声なき声であり、言語ゲームではすくいとれないのだろうか。

言語ゲームの外部にいる絶対他者は、先進国の知識人の良心を審問するにちがいない。裕福な者が貧しい者の状況を代弁できるのか。健康な者に病気に罹った者の気持ちが分かるのか。もしかすると、分からないかもしれない。少なくとも、純粋な可能性としてはそうである。以下、言語ゲームと絶対他者に関する私の考えを説明したい。

まず言っておくべきは、社会が成立していない自然状態では弱い立場に置かれた人びとの状況を考える義務はない、ということである。このことをはっきりさせておく必要がある。非ー（市民）社会における隣人の苦しみは、弱肉強食という自然の論理の一部にすぎず、そこに不平等や格差や差別を是正する根拠はない。誰かの苦しみは誰の責任でもなく、富の分配を担う政府や国際機関も存在しない。私たちはここから考え始めなければならない。

もちろん、現実の社会には、人権という基本的な枠組みがある。また、多くの人は、かなしみや苦しみに共感する能力を持つだろう。しかし、絶対他者の権利を盾にして言語ゲームの普遍性に批判の矛先を向けるのは、自らの首を絞めるだけである。なぜなら、人権の普遍性は長い時間をかけて近代哲学の言語ゲームで獲得されたものであって、人類誕生からほとんどの期間、そのような考えを人間は持たなかったからである。また、かなしみや苦しみに対する共感の能力は、幼少期からの関係性において陶冶《とうや》される。このことのなかにもやはり、他者も〈私〉と同じ人間であるという「人間の普遍性」の感度がある。

したがって、こう言わねばなるまい。言語ゲームに参加できない他者の権利を考えるという発想には、普遍性の理念がすでに含まれている。構築主義や絶対他者の哲学による普遍主義批判は、じつは近代哲学の成果（人権や自由）を前提するものである。だとすれば、その主張は根本的に矛盾していることになるが、絶対他者の存在を根拠に普遍性を批判する論者は、自由の普遍性を自覚している市民的良心を隠れ蓑にして、この矛盾からうまく逃れるのである。

　繰り返し述べてきたことだが、現象学的言語ゲームの目的は、限られた人にだけ妥当する本質を利用して、マジョリティにとって都合のよい社会を構築することではない。マジョリティに属するのか、マイノリティに属するのか――こうした二分法で言論を分断するのではなく、誰にとっても妥当する条件と構造を見極めようとするのが、本質学なのである。

　それでもなお、絶対他者の問題は別の観点から一考に値する。本質直観における自由変更の想像力は必然的に他者に向かうが、絶対他者の存在は〈私〉の想像力を跳ね返してしまうだろう。絶対他者は〈私〉の想像作用を拒む存在であり、あらゆる規定性の外部に逃れていく存在なのだから。すると、他者に向けられていた想像力は跳ね返されて、自分のところに戻ってくる。他者への想像力は、ちょうど同じ分だけ自分自身への想像力に置き換えられる。そうして、〈私〉は〈私〉自身を想像しなければならなくなる。

　しかし、そこで必要になるのは、全き他者を実体化して、絶えざる自己批判と言説の解体（＝脱構築）に舵を切ることではない。同時に、絶対他者の哲学を認識論的に反駁することにもあまり意味はない。絶対他者が存在する可能性を可能性として保持することのうちに、言語ゲームと絶対他者のあいだの緊張関係が成立しているのだから、絶対他者の可能性を無化してはならない。私はそう考えている。絶対他者の存在は言語ゲームにある種のテンションを与える。これは本質直観の誤りに関係している。

　私たちは言葉の使用を間違うことがあるし、配慮に欠ける言動で他者を傷つけることもある。これまでの議論と矛盾するようだが、直観された本質が特定の集団にとって抑圧的に働かない、と絶対に言い切ることはできない。現象学にそのような意図がなくても、言語と暴力が共謀してしまう事例はたしかに存在するからである。この事実は否定しようがない。

　だが、誤りの可能性は謝りの可能性でもある。自分の言ってしまったことを、弁明し、訂正し、撤回すること、そして場合によっては、きちんと謝罪すること――誤りの可能性を内包するコミュニケーションの過程で、私たちは弁明、訂正、撤回、謝罪を具体的に示すための準備をしなければならない。自分の非を認めてきちんと謝ることは――日常生活でも身に覚えのあることだが――思いの外、難しいことだ。間違わないことだけが正しさではないのである。

　この世界のどこかに絶対他者が存在することを指摘し続けるだけではなく、その他者の権利を正面から擁護したいのであれば、〈普遍性〉の問題を避けては通れない。〈私〉が直観した本質は、他者に届かないかもしれない。この緊張関係を生きようとするときにだけ、本質直観という試行錯誤の努力が、健全な自己批判とともに、正しくなされるのである。

　普遍性への希求が抑圧や差別を再生産するのではない。普遍性が全体性に変貌するとき、そこに排除の力学が働き始めるのだ。言語ゲームは決して閉じられてはならない。現象学は文化的差異を越境する志向性を持つが、本質の普遍性はそれぞれの文化に優劣をつけたり、普遍性に従わない者を否定したりする排外的概念ではない。まったく逆である。多様な文化を共存させるための普遍性――私たちが考えてきたのは、この普遍性を創出するための原理なのである。

〈普遍性〉の本質とは何か

〈普遍性〉とは何か。最後に、このことをまとめておこう。

（一）普遍性は人間を超えて存在する実体ではない。普遍性を間主観的確信として捉えなければ、認識論のアポリアを避けることはできない。相対主義に独断主義を対置させることなく、別言すれば、普遍性を独断化せずに普遍認識の可能性を追求するためには、〈私〉の意識から出発して、間主観的な共通性に向かう以外に道はない。

（二）普遍性は事実として存在しない。本質直観を遂行してみて初めて、生活世界の内側で作動している本質の普遍性が洞察される。本質は意識に与えられる対象であって、この世界のどこかに、または、この世界の彼方に実在するものではない。普遍性の意識とは、誰もが同一のことがらを確証しうるという可能性の意識なのである。

（三）普遍性は閉じられていない。それは、つぎなる検証と確証に開かれており、現象学的言語ゲームにおける間主観的コミュニケーションの内側で生成する。つねに新しい世代が誕生している以上、いかなる時点であっても、普遍的なものを絶対的に断定することはできない。にもかかわらず、すべての超越論的主観性に妥当する条件と構造は、一つの理念としてなら、意識に与えられる。

（四）普遍性は無条件に存在しない。普遍条件と普遍動機が普遍性の可能性の条件である。その際考慮すべきは、力のゲームと善の原始契約である。そうすることで、トライアル・アンド・エラーを繰り返しながら現象学的言語ゲームを維持し、その成果を新しい世代に伝達して、普遍性を漸次的に創出していくことの正当性が明らかになる。

（五）普遍性の根拠は実存にあるのだから、普遍性の側から実存を規定してはならない。意識から出発して普遍性に向かう。この順序が反転すると、普遍性が息苦しくなってくる。あるいは逆に、自然に育て上げた普遍的なものへの素朴な直観を絶対化してしまう。普遍性の手前には一人ひとりの実存意識があるが、実存を捻じ曲げることなく、しかし同時に、実存の絶対性に拘泥することもなく、〈私〉と普遍性を架橋しようとするのが現象学の態度である。

〈普遍性〉の実在を語るのではなく、〈普遍性〉をつくるための原理を示すこと――私たちはこの課題に認識論的な観点から取り組んできた。しかし、〈普遍性〉をつくる哲学は、一人ひとりの人間が「自由」を求めていることを前提する。ガブリエルは自由と普遍性の実在を一組のセットにして提示したが、たしかに自由を求めることがなければ、普遍性に向かっていく気力を人間は持たない。しかし、そもそも自由とは何だろうか。

終章

もう一度、自由を選ぶ

現象学的言語ゲームと自由の普遍性は密接に関係している。現象学的言語ゲームは自由闊達な表現の場として成立するし、自由の普遍性の根拠は現象学的言語ゲームによって基礎づけられる。表現や言論の自由が保障されない社会で、言語ゲームを開始して維持するのはほとんど不可能であるが、逆に、自由の意味と、各人の自由を——他者の自由を侵害しない限りにおいて——最大限に保障していくための社会的根拠は、自由の本質に関する言語ゲームを通してしか見えてこない。

自由は実存の内側では欲望と能力の相関性の意識として現われるが、社会的には、人間が生きるための普遍的な基礎条件となる。自己実現、多様性、自己固有性、自己価値と承認、自由の弁証法、精神の自由——。自由はさまざまに語られるが、これらの議論の中心にあるのは、そのつど到来してくる（複数の）欲望と、諸欲望の矛盾、現実、関係性、能力に折り合いをつけて、自己と社会の可能性へと突き動かされる人間の本性、また、そうした自由への欲望を保障するための社会原理である。自分の生き方を自分で選べるようになる近現代社会は、自由の普遍性を基礎にして成立するのだ。

近代以降、人間は自由の必要を自覚して、それを法、政治、経済、教育などの社会制度として具現化してきた。ガブリエルのいう自由の実在が強い説得力を持つのも、私たちが自由な社会に生きているからこそであろう。しかしながら、いま、自由はかなり危うい場所にある。実存と社会の二つの観点から考えてみよう。

自由を享受することの疲労について

自由の意識は、自由が成熟していく社会の内側で、行き場のない不安や焦燥感に変質している。もちろん、このことは自由な社会に生きていることを傍証してもいる。社会の成員である限り一定の自由が保障されるのは当然で、この権利は不当に侵害されてはならない。こうした共通感覚を多くの人が持つにちがいない。私たちは、万人に自由が保障されていない社会で差別や暴力が横行したこと、そして、人類が身命を賭して自由を手に入れたことを知っているし、民主主義と資本主義という巨大なシステムを支えてきたのが、自由の自覚とその普遍的展開であったことも疑えない。

しかし、そうであるからこそ、人間は自由であることに疲労を覚えてもいる。一九四一年の時点で、エーリッヒ・フロムは、つぎのことを予言していた。

他人や自然との原初的な一体性からぬけでるという意味で、人間が自由となればなるほど、そしてまたかれがますます「個人」となればなるほど、人間に残された道は、愛や生産的な仕事の自発性のなかで外界と結ばれるか、でなければ、自由や個人的自我の統一性を破壊するような絆によって一種の安定感を求めるか、どちらかだということである。（フロム 一九六五、二十九頁）

自由が展開するにつれて、人はますます個人として生きていかざるをえなくなり、愛や仕事によって外界と結ばれるか、あるいは、自由を破壊する安定感、すなわち、全体への従属という安心感を求めることになる。フロムは自由の進展の裏側にある心的機制を描いてみせたのだ。

フロムの二者択一はさまざまに言い換えられるだろう。自由への欲望を持つ自我に明確な形を与えることで自我を安定させるのか、反対に、自我をより大きな全体性へと融解させることで安心感を獲得するのか。〈私〉の自己同一性と自己価値について他者からの承認を獲得するのか、それとも、大きな物語と一体化しつつ全体性の一部として生きるのか。一言でいえば、自由を享受できる人間と、自由を持て余す人間が出てくる、ということである。

私たちは、どういうわけか、自由な社会で自由を享受することに疲れ始めている。不自由は苦しいが、自由も苦しい。自由でありたいのだが、自由すぎるのも辛いのだ。このことの原因を具体的に描写してみよう。

まず、自由と自己実現。自由に生きることとは、自分の人生を自分で決めて生きていくことを意味する。ところが、そこで選択した生き方の責任は自分にしかないのだから、たとえ不幸な人生になったとしても、それは自らの能力や努力が不足しているせいだ、ということになる。

世界にはアクティヴに行動する有能な人びとがいるだろう。彼らは怠惰を撥ね退《の》けて、自己実現を追い求める。主任の次は課長、課長の次は部長、部長の次は役員。自らに与えられた自由を行使することで、可能な限りその能力を拡張していき、自由を自己実現の糧にしていける人たちである。

メディアやSNSを通じて、一生懸命頑張っている人、充実した生を送っている人、新しい分野で成功した人の情報はつねに入ってくる。情報が全体化することで、「地元で一番」では満足できなくなり、インターネットで検索すれば、自分と同じ年齢なのにすごい人がいくらでも見つかる時代になった。ここで、そうはなれない自分に疲れるのである。生まれたときに自由のチケットを一方的に渡してきて、それを死ぬまでに使い切ることを要求する社会が嫌になるのだ。

つぎに、自由と多様性。自由は多様性を保障する。現代社会では感受性や考え方の違いに積極的な価値が認められており、生の内実はさまざまに形作られる。それだけではなく、誰もが自分を表現することができるように、サイバースペースでは、自己表現のためのプラットフォームが無数に整備されている。（ついでに言っておけば、「いいね！」と承認する機能もついている。）表現の自由は多様性を可視化するのである。（お洒落なインスタグラム。）

ところが、多様性が過度に強調されると、これは裏返って命法になる。あなたは自分なりの感受性や考え方を形成して、それを表現しなければならなくなるのだ。それは、多くの場合、他者との競合になるだろう。多様性は差異によって作られていくが、他者との差異を確立できない凡庸な人間は、生き方の多様性から置いてけぼりにされた気がする。世界から取り残された気がする（SNS疲れ）。

最後に、自由と自己固有性。自由には「本当の自分」という観念がつきまとう。前提になるのは、自分が何をやりたいのかを知ることができて、意志と決断によって方向性を決められる主体的人間像である。逆に言えば、欲望の状況をうまくつかめない人間には、そもそも自由になるための根本条件が欠けている、ということにならないだろうか。

ヴィジョンのはっきりした強い憧れを持つ者にとって、自己固有性は一つの自我理想になりうるのかもしれない。しかし、何をしたいのかがよく分からず、欲望が不活性になっている状態（＝メランコリー）にとって、自己固有性という概念は端的に重すぎる。あるいは、こうも言えるかもしれない。ポストモダン以後の時代に生まれた者にとって、「自己固有性」はすでに肌感覚に合わなくなっている、と。むしろ、平野啓一郎のいう「分人」(dividual)の方が、私たちの自己イメージにはフィットしているように思われる。「他者を必要としない『本当の自分』というのは、人間を隔離する檻である」(平野 二〇一二、九十八頁。強調は省略)。

これらが、自由であることに疲労を覚える人間の心情である。しかしながら、私の見るところ、最も本質的な問題は、自由の概念が相対主義に結びついていることである。自己実現、多様性、自己固有性のキーワードは、じつはそれ自体が直接、自由であることの疲労を生みはしない。自由が相対主義的に解釈されて、これを一人で処理しようとするとき、そこに義務としての自由という逆説が現われるのだ。

というのも、そのとき自由は、生誕と同時に〈私〉に背負わされた重荷にほかならず、自由であることの責任を自分自身で引き受けるほかないからである。その結果、他者との断絶や社会からの疎外を感じる。ついでに言っておけば、私は自由に付着する相対主義のイメージを、ポストモダン思想の負の遺産と考えている。

とはいえ、これは哲学全体の問題でもある。とりわけ、近代哲学が提起した自我のイメージを引き継いだ実存哲学は、自由であることの価値を積極的に語ってきたが、その語りは社会の一般性から離れた特別な実存意識だけを評価し、自由の資格を例外的な実存者にのみ与えてきたのではないだろうか。

たしかに、実存と自由が結びつくのにはそれなりの理由がある。近代社会が新しく獲得した自由の精神が世界の超越項（宗教や共同体の物語）を徐々に解体し始めたとき、実存哲学は、まさに自由を起点にして、人間の生きる意味を建て直す必要に迫られたのである。さらに言えば、他者とは共有できない何かを心に抱え込んでしまうとき、〈私〉はどう生きるか（実存）が深刻な問いになるので、自由の極北が社会の一般性から外れてしまうということも、分からなくもない。

　そうして、自由は自己意識、自己価値、自己固有性の概念と重ねられることになる。超越性が失われた時代のニヒリズム（存在不安や絶望）を超克して、自己の本来的な可能性を追求するためには、主体的な意志と決断が不可欠である。自らの力によって生の意味をつかむことのできる者だけが、真に自由でありうる。実存哲学はこのように考えたのである。

　しかし、その問題点は、はっきりしている。実存哲学においては、自由な実存者以外はみな程度の劣った平々凡々たる生を送る者にすぎない。いやむしろ、初めに一般性への軽蔑や憎悪があって、それから一般性の範疇には収まらない実存の存在論的優位が独断的に措定されている、と言った方がいいのかもしれない。

　だから、ほとんどの実存哲学には、凡庸と卓越の二分法が存在している。真の実存者でありたいなら、凡庸な世界解釈をひっくり返すだけの能力を持たねばならない。すると、社会の一般性から逸脱することが、自由を享受するための条件になるだろう。こうして、人間の実存は孤立した自由の表象に結びつき、自由であることが強制されるという逆説的な事態になってしまうのである。

真の自由を発揮するのか、それとも自由を飼い殺しにするのか――この二者択一は、もう時代遅れになりつつある。それどころか、自由という概念は、現代の実存意識にとってあまり中心的な役割を果たしていないようにさえ見える。自由を享受することに伴う疲労が、それほどまでに蓄積しているのかもしれない。あるいは、この社会で自由はすでに確実すぎる前提になっていて、(私には理解できない)つぎのフェイズに実存意識が進んでいるのかもしれない。

ここで、自由への疲労は自由の挫折形態である、と言ってしまうと、これは自由を享受できている人間のマッチョな言い分にすぎない。一切を自由の弁証法に回収する態度は、さらなる疲労を呼ぶだけである。一人ひとりが抱える切実な生きがたさを高次の自由の前段階として片づけることに、私はあまり意味を見出さない。疲れた人間は「幸福」を求める。以下ではひとまず、自由と幸福の関係から考えてみよう。

自由であることに幸せを感じない人びと

自由がそのつどの規定性を超えていく運動だとしたら、幸福は欲望が充足して安定している一時的な状態である。幸福の本質は、欲望が充たされて安定した状態(あるいは逆に、欲望そのものにとらわれることのない安定した状態)が絶対的かつ永続的に持続するという一つの理念としても現われるだろう。これは生の究極目標にさえなりうる理想である。だが、理念としての幸福は、私たちが暮らしのなかで感じる具体的な幸福の状態をその理念化の源泉として持つのであって、幸福のイデアが現実の幸福を上から規定するわけではない。

欲望が充たされていることが幸福の条件だとすれば、自由への欲望が充足した場合にも、私たちは幸せを感じることができる。しかし、自由とは何か。アレクサンドル・コジェーヴのヘーゲル解釈にしたがえば、自由には自己価値への欲望と他者による承認の契機が含まれる。そのため——最終的には相互承認の段階に至るにしても——自由を実現していくプロセスでは、他者との相克関係を避けることができない。「人間的欲望は他者の欲望に向かわねばならない」(コジェーヴ 一九八七、十四頁。強調は省略)が、「自己意識の『起源』について語ること、これは、必然的に『承認』を目指した生死を賭しての闘争について語ることになるのである」(同書、十六頁。強調は省略)。

〈私〉は他者に〈私〉の価値を認めさせたい。すると、〈私〉は他者の欲望を欲望することになる。というのも、〈私〉が代表している価値が、同時に他者の求める価値と一致するときに、〈私〉の自己価値は他者によって認められて、自由への欲望は充たされるからである。すなわち、〈私〉が欲している価値は他者もまた欲している価値であると、他者に認めさせようとするのだ。

しかし、他者も自立した主体として同じようにふるまうため、複数ある承認への欲望は、必然的に、相互的かつ関係的なものとなり、そこに「承認をめぐる闘争」が生まれる。つまり、欲望の対象は単に実在的なものではなく、社会的関係がその価値を認めるものになり、全体としては、社会で広く認められている価値（一般価値）を目指す承認のゲームになるのである。

そして、他者からの承認を得るためには、他者の存在を完全に否定し抹消してはならない。というのも、他者が自らの意志で〈私〉の価値を承認しなければ、〈私〉の欲望は充たされないからである。無理矢理承認を強要しても、自己価値にはつながらない、ということだ。だから、最終的には互いの自由を認めあう「相互承認」の段階に至るほかない。これがコジェーヴのヘーゲル解釈を通して見えてくる自由の弁証法の全体像である。

ところが、疲れた人間は、このような相克関係に入っていく気力を持たない。まさに自己と他者のあいだで行なわれる承認のプロセス（闘争、承認、そして、配慮）そのものに嫌気がさしているからである。そういう面倒なプロセスはなるべく避けたいと思うだろう。端的に言えば、他者とかかわるのは疲れてしまうので、必要以上に人間関係を拡げたくないし、まして自己価値を認めさせるために他者と争う気はありません、ということである。

一見すると無気力で自己中心的な考えだが、そのとき、他者の自由を侵害するつもりもなく、それはそれとして認めていることに注意すべきである。〈私〉には〈私〉の生き方が、あなたにはあなたの生き方がある。互いに干渉せず、邪魔をしないように生きていきましょう、というわけだ。私は、無理にコミュニケーションや関係性を押しつけない、こうした風通しのよい態度が個人的には好きだが（正確には、学生と接しているうちに好きになったのだが）、ここで承認と黙認は紙一重になっているようにも思われる。もしかしたら、そこに疲れた人間が時折感じるさみしさの一因があるのかもしれない。

自由の弁証法を止揚していく動因は、無限性をその本質とする自由への欲望であるが、そもそも欲望それ自身が不活性になっているとすれば、この運動は静止してしまう。自己の欲望であれ、他者の欲望であれ、欲望の状況をうまく把握できず、自分は何をしたいのかが分からないのなら、自由の意識をその先へと展開させる動機がなくなってしまうのである。この場合、自由であることに幸福を感じることはない。この心情を自由の全体性の一部にしてはならない。

現代の幸福の類型――「関係性の充足」と「ソロ充の快楽」

では、自由に疲労を感じている者は、どのように生を充実させるのだろうか。そこで出てくるのが、「幸福」というキーワードである。

先に触れたように、幸福は生の目標となる永続的な理念としても現れるが、この理念の源泉は、欲望が充足して安定している一時的な状態である。したがって、私たちは、生理的な欲求が充たされたときにも幸せを感じるし（お腹が一杯で幸せ、お風呂に入って幸せ）、幻想的な欲望が充たされたときにも幸せを感じる（人に愛されて幸せ、きれいな景色を見ることができて幸せ）。

注目したいのは、ほとんどの場合、幸福には競争意識があまりない、ということである。恋愛対象を射止めようとする場合など、幸福を獲得する過程で他者との競合になることはあっても、いま幸福であるという状態そのものは、言ってみれば〈私〉だけのものなのだ。

具体的に考えてみよう。ロールプレイングゲームで言うなら、自由は主人公のレベルアップで、幸福は一つのステータスである。幸福はキャラクターのレベルにかかわらず味わうことができる。幸福はそのつどの状態性であり、幸福と幸福のあいだに連続性はなくてよい。一つの幸福は、それだけで完結している。だからこそ、心地よいのだ。もちろん、この幸福が長続きしてくれたら、と願うことはある。しかしその場合でも、一時的な幸福の状態が幸福であることに変わりはなく、私たちはその充たされた状態を享受しているのである。

ここで、現代の幸福の類型を二つ取りだしてみたい。一つは、家族、恋人、友人との関係性が充たされている「関係性の充足」、もう一つは、誰にも邪魔されずに、自分一人の時間を楽しむ「ソロ充《じゅう》の快楽」である。

関係性の充足は、互いの存在があるがままに認められる空間を作り出す。そこでは、〈私〉が世界に存在することそのものが肯定される。存在の肯定空間を支えるのは、特別な個性、能力、才能ではない。過去のある時点から現在に至るまでの時間的共在関係と、共に世界に在ることを通した関係性の時熟が、互いの存在を無条件に受け入れることを可能にする。そうした空間が、〈私〉はただ生きている〈存在している〉だけでいい、という感触をもたらすのだ。

〈私〉の個性、能力、才能ではなく、〈私〉の存在そのものが認められる。そして、〈私〉がこの世界に生きていることを肯定してくれる他者の存在を――〈私〉も他者にとっての他者として――同じように肯定する。自己実現、多様性、自己固有性の根底には、ただこの世界に存在する〈私〉がいる。この原的な事実を認めてくれる関係性を持つときに、人は深い幸福を得ることができるのである。

だから、関係性の充足は、二者関係の相互性において成立することも多い。特定の他者が〈私〉の全世界を包みこむこともあるかもしれない。〈私〉の存在を含む世界全体が、他者の存在によって肯定される経験である。カール・レーヴィットは、『共同存在の現象学』において、こう述べている。

共同世界がもっとも明示的なかたちで私の世界と関係づけられるのは、共同世界がひとりの、特定の他者と、つまり《きみ》と合致し、ひとりの〈きみ〉が〈私〉にとっての全世界をそのうちに包摂してしまう場合である。〔中略〕《きみ》がそのとき〈私〉にとって代表するのは、たんに共同世界のすべてではない。全世界である。（レーヴィット 二〇〇八、六十頁）

全世界は〈私〉と〈きみ〉の二人の世界になる。二人の関係性は一つの世界像にまで至るだろう。「或る者が或る他者と、もっとも根源的な意味で『共に』在るのは、一方が他方に対してたんに〈共に在ること〉が、同等で－統一的な相互性のなかで消滅する場合である」（同書、百四十四頁）。恋愛や友情を通して、レーヴィットのいう「全世界」を体験したことのある人もいるのではないだろうか。

ところで、存在の肯定空間は、自我の有無や存在への配慮とは無関係に構成されることもある。たとえば、赤ん坊を抱いているとき、私が赤ん坊の存在を祝福し承認することはあっても、赤ん坊が私の存在を配慮しているとは思えない。にもかかわらず、私の存在はあるがままに認められている（そういう気がする）。赤ん坊が私を頼ってくれるうれしさもあるだろう。しかし、ただそれだけではなく、私には、私と赤ん坊の生全体に対する直観のようなものがあり、しかもそれがニヒリズムに変質することなく、私は、二人の存在がそのままの形で肯定される空間を味わっている。人は生まれて死ぬだけかもしれない。これが繰り返されてきただけかもしれない。でも、それでいいのだ、と。赤ん坊は不思議な善性を持っている。

さらに言えば、幸福を感じる関係性は人間に限定されない。たとえば、（人間的）自由のゲームの外側に生きる、いわば自由のゲームから自由である猫と一緒の時間を過ごすことで覚える幸福感では、自由のゲームそれ自体を相対化する猫の視線が重要な役割を果たす。（自己価値の承認ではなく）自己存在の是認をもたらすのは、動物や人工知能との関係でもありうるのかもしれない。自由への欲望を持たない人間以外の存在との関係性には、承認をめぐる闘いにならない条件があり、このことが人間では決して味わえない癒しを生んでいる、と言ってもよいだろう。

もう一つの類型に移りたい。ソロ充の快楽である。これは他者に土足で踏み込んできてほしくない自分だけの幸福の空間を構築する。ソロ充の快楽は、本質的に、独我論的な閉鎖空間なのである。

アイドルやYouTuberを推すこと、一人で旅行に出かけること、おいしいものを食べること、韓流ドラマやアニメを見ること、好きな音楽を聴くこと、これらのことは原則として誰にも迷惑をかけないで行なうことができる。というよりも、他者には干渉してほしくないし、基本的にその快楽を他者と共有しようとも思わない（特定の他者とであれば、共有してもよいと思える場合もあるが）。他者との関係性を気にかけるよりも一人でいる方が気楽だし、そっちの方がより大きな充足感を得られる。そういうことは、おそらく誰にでもあるだろう。

特に私の興味を引くのは、「推しの文化」である。推しは、アイドル、アニメのキャラクター、スポーツ選手、YouTuber、歌手、俳優など、特定の人物、キャラクター、グループを決めて応援することを意味する。推しのディスクールでは、「推しメン」、「推し変」、「箱推し」、「同担（拒否）」、「ガチ勢」、「推し疲れ」など、ユニークな概念が用いられる。

たとえば、アイドルグループの特定の人物を推す場合、そのアイドルの曲を聴くだけでなく、出演予定のテレビ、ラジオ、ネット番組をチェックして、写真やグッズを集めてライブに行く。握手会や撮影会がある場合は、推しているアイドルと直接交流することもできる。もちろん、どの程度までお金や労力を使うかは人によって異なるが、その人のロマンが見事に結晶化しているケースも少なくない。推しは現代の快楽の大きな類型になっており、推している対象にかかわっているときが、何よりも幸せなのである。

推すことが過熱すると、宗教的なものに接近する。推しは崇拝の対象であり、推しが身につけているアイテムを自分も身につけ、推しの写真をイコンとして飾る。推しの生まれた場所や推しが通った学校を「巡礼」する。推しの言葉の解釈学が成立する……。神についての大きな物語が失墜した世界で、推しについての小さな物語が無数に生成しているのだ。

「推し」という概念は、若い人たちの感性と一体だから面白い。生きがいと呼べるような特別の意味を見出せなくても、何をしたいのかが分からず、自由であることが苦しくなってきても、推しへの情熱が生きている実感を与える。これは痛みにもよく似ている。何も感じないよりは痛い方がましなのである。

宇佐見りんの『推し、燃ゆ』(二〇二〇)では、存在することの疲労を忘れさせるロマンへの入り口を、推すことにしか見出せない人間の日常が描かれる。主人公のあかりはアイドルグループの真幸くんを推しているが、その情熱は、単なる真幸くんのファンであることを超えて、あかりの生活全体を支えている。逆に彼女は、推し以外のことに関心を向けることができない。(対照的に、母は仕事に、姉は学業に勤しんでいる。)

「肉体は重い。水を撥ね上げる脚も、月ごとに膜が剝がれ落ちる子宮も重い」(宇佐見 二〇二〇、八頁)。生を拒絶する意志とは無関係に、肉体はオートマティックに新陳代謝を繰り返す。それを(きれいに)維持するためには、食事をして、お風呂に入り、爪や髪を切って、夜は眠らなければならない。しかし、心は生きることの意味が分からず、日常の些事がめんどうで、存在することがだるい。疲れる。つまり、倦怠である。それでも、肉体はおかまいなしに生きようとする。

あかりは言う。「推しを推すときだけあたしは重さから逃れられる」(同書、九頁)。真幸くんとの遠くて近い関係だけが、どこかで失われたあかりの欲望を誘いだすことができる。慢性的に不活性な欲望が推しという範型にはめられるとき、彼女の心はようやく肉体に追いつき、生のバランスが達成される。真幸くんを通して、あかりは「真実」を見ているのだ。「何より、推しを推すとき、あたしというすべてを懸けてのめり込むとき、一方的ではあるけれどあたしはいつになく満ち足りている」(同書、六十二頁)。

興味深いのは、あかりは真幸くんを推すことにこの上ない幸せを感じる一方で、それ以外の幸せの可能性がどういうわけかすべて失われている、ということである。数ある楽しみの一つとして推しているわけでも、学業や労働からの息抜きとして推しているわけでもない。推しが生の意味の全体であり、その外部は無意味なものとして放棄されている。これがあかりの実存意識なのである。

幸福の対象がそれ以外の対象に対する無関心に囲まれている、とでも言えばよいだろうか。それは、神の国に入ろうとする者が世俗的な欲望を離れなければならないことに、少し似ている。推しの場合、曖昧な欲望の状況(=メランコリー)がまずあって、そこに推しが現われるのだから、欲望を断念するという契機はないにしても、「信仰（推し）か絶望か」の二者択一を生きているという意味では、まさに全存在を賭して推している、ということになるのだ。

あかりの幸せは極端なものだが、ソロ充の快楽は他にもさまざまな形態をとるだろう。葉巻を片手に一人でお酒を飲んだり、一人カラオケに行って歌ったり、山奥でソロキャンプをしたりすることも、ソロ充の快楽である。一人でいる気軽さを楽しみながら、自分だけの空間で味わう幸福は、それほど珍しいものではないはずだ。

しかし、ここで問題は、二つの幸福の類型が〈私〉と周囲の限られた人間関係だけで完結してしまうことである。私の考えでは、「関係性の充足」と「ソロ充の快楽」は、自由が成熟した社会において擁護されるべき幸福である。さまざまな制約から解放されて、生を自由に享受できる条件が整ったとき――あるいは逆に、自由であることに疲れてしまい、そこから離れたいと思ったとき――結局のところ、「どうやって幸せに生きるか」ということが、実存の新しい課題になるからである。

自由な世界に出現するニヒリストやメランコリストに対して、いかに世界の意味を与えられるのか。推しの文化がそうであるように、彼らの欲望や情動を喚起するゲームを社会は用意することができるのか。どのような形で用意されると、メランコリストはのってくるのか。これらについては、さらに考える余地がある。

だが、幸福を求めるあまり、完全な閉鎖空間に閉じ込められてしまい、普遍性をつくるための言葉と論理が失われると、幸福を支える条件そのものが壊れてしまう。〈私〉の幸福の外部に存在する他者に干渉しない代わりに、〈私〉にも干渉してほしくない――。この意識が全体化して、もし実存と社会のつながりをまったく感じられなくなるとしたら、自由の普遍性に基づいた幸福の複数性を保障するシステムを維持することはできない。

自由なき幸福の貧しさ

長編SF小説『ハーモニー』(二〇〇八)において、伊藤計劃は、あらかじめ計算された幸福の設計が人間の生を台無しにしてしまう逆説を書いている。『ハーモニー』では、医療合意共同体の計画に基づいた福祉厚生社会が成立しており、メディケアと呼ばれる個人用医療薬精製システムによって、ほとんどの病気が社会から駆逐されている。それはいわば公衆衛生上の極限の理念である。他者に対する思いやりと優しさが社会に溢れていて、誰もが幸福を享受することのできるユートピア(ディストピア)が実現されている。

ところが、ミァハ、トァン、キアンの三人の少女は、そのような社会に疑問を抱き、人口が減少する社会で貴重なリソースとなった公共的身体を嘲笑うために、「餓死」を選択する。そうして、人間の内面性の自由を――これは破壊への衝動や狂気をも含むだろう――証明しようとする。生き残ってしまった主人公のトァンは、こう回想している。

ミァハの言うとおり、そんな倫理的に堕落した最低最悪の大人が街にあふれていたなら、わたしだってこの学校やこのセカイを憎まずにすんだはず。たぶん。けれどセカイはどんどんどんどん健全で健康で平和で美しくなって、その善意はもはやとどまるところを知らない。自重しろ、と言ったところでセカイと「空気」が気にかけるはずがなかった。（伊藤 二〇一四、十四頁）

世界は善意で飽和している。が、いずれの善意も人為的に構築された見せかけにすぎない。厳格な管理社会の倫理的要求に逆らって最低最悪の大人になることには、幾ばくかの自由がある。しかし、倫理的堕落を社会の論理は正当化しないし、倫理的に堕落すればすべてがうまくいくわけでもない。ミァハはこう言う。「わたしたちはどん底を知らない。どん底を知らずに生きていけるよう、すべてがお膳立てされている」（同書、十四―十五頁）。

ミァハは社会から与えられた見せかけの善意を憎み、捏造されたユートピアでの人間の幸福が貧しいものであることに気づいている。幸福なき自由は疲労を生むが、自由なき幸福は空虚であるほかない。簡単に言ってしまえば、自分で選べるからこその――そして、社会がそれを認めるからこその――幸せなのだ。これは当たり前のことではあるが、幸福の内側に引きこもると、徐々に見えなくなってくることでもある。

自由に疲れた人間はふつうの幸せを求めるようになるが、じつは社会の基礎条件としての自由がその行為を正当化している。さらに言えば、お膳立てされた幸福が幸福たりえないのは、そこに精神の自由がないからである。だから、最適化された解をミァハは嫌悪する。人間の幸福は、一義的に管理できるようなものではないのだ。

自由な選択は誤りうるだろう。明日の視点から見れば、今日のさまざまな選択は最善ではないかもしれない。躊躇《ためら》いや後悔の源泉は、自由であることそのものにあるのだから。しかし、それでも人間は、誤りうる可能性を引き受けて、自由を選ぶ存在なのではないだろうか。最初は親に頼りきりだった幼児も、すぐに自分で何でもやりたがるようになる。このことに、自分でできるのが楽しいから、ということ以外の理由はない。私はここに自由の意識の端緒を見つける。

自由な存在である人間は選択を間違うこともあるが、だからこそ、この先に期待することもできる。前もってすべてが決定されていたら、生は壮大な暇潰しになってしまう。不安と期待は可能性のあるところに生じるのだから、選択の可能性を消し去ってしまえば、不安と期待は同時に消失する。不安なき生は退屈な生に等しいのだ。

幾ばくかの不安を感じて、親に抱き上げられた幼児も、その安心はやがて退屈に変質して、もう十分だから放してくれ、と一方的にわがままに、その自由を主張する。自由であり続けることに疲労を覚えたとしても、永続的な定常性には倦怠を感じてしまうのが人間の本性なのである。だから、自由なき幸福は貧しいものにならざるをえない。

自由から見放されること

では、現実の社会は万人の自由を保障できているのだろうか。理念としてはそうかもしれない。しかし、社会の基礎条件としての自由を十分に享受できていない人びとは存在する。シングルマザーと幼子の貧困、障がい者差別、孤独死――具体例はいくらでもあげることができる。さらに言えば、災害の発生やウイルスの蔓延で、特定の条件下にいる人びとの自由だけが大きく奪われる現実を、人類は経験してきた。

私たちは、どこかで他者の窮状を傍観していて、ある日突然、自分が言語ゲームに入れなくなって、他者による決定を受け入れるしかなくなる状況を、頭から消去してしまう。レヴィナスやスピヴァクは自分自身の状況を想像することの重要性を訴えていたが、それはきっと、想像力が他者に向けられているうちは、自分自身がどういう場所に立っているのかを把握できないからなのだろう。

しかしながら、よく考えてみると、すべての人間はマイノリティの側に回りうる。もちろん、私はマイノリティが経験している苦しみを相対化しようとしているのではない。私が言いたいのは、こういうことだ。すなわち、それぞれの個人は特定の条件下で生きざるをえない存在である。そうであるがゆえに、社会の状態が変化したとき、突然、言語ゲームの外部に立たされてしまう可能性がつねにある、ということである。

純粋に数の問題として考えれば、マイノリティであることはよいことでも悪いことでもない。また、数だけでマイノリティを規定することには限界があるし、マイノリティがつねに受け身にならざるをえない弱者であると考えてしまえば、その多様性を無視することになるだろう。問題の本質は、ある属性や条件によって、特定の人びとだけが直面する生きがたさにある。たとえば、キリスト教を信じていることで、社会に参加する権利を奪われたり、差別的な態度を取られたり、恋愛や結婚や仕事の機会を制限されたりすれば、実存的にも社会的にも、その自由は著しく侵害される。さらには、キリスト者であることそのものによって何らかの困難を経験するとしたら（そのことを友達に打ち明けられないことで感じる孤独感など）、それを支援する考え方が求められるはずだ。

私たちがふつうイメージするのは、人種、民族、言語、ジェンダーなどに文脈化されたマイノリティの概念である。これは多くの場合、差別という社会的－歴史的問題にリンクしている。たとえば、日本という国家全体があって、そこに独自の言語、宗教、文化を有する先住民族のアイヌがいる。しかし、歴史を振り返るなら、和人がマジョリティとして差別的同化政策を行ない、その文化の独自性と価値を軽視してきたことは、はっきりしている。たとえば、一八九九年に成立した「北海道旧土人保護法」と一九九七年にこの法律を廃止して成立した「アイヌ文化振興法」を比べてみれば、いかに和人がアイヌを差別してきたのかはすぐに分かる。この差別的構造は、国家レベルでの政策や教育、また、日本という国に対する一人ひとりの国民意識と連動している。差別する側と差別される側の分断は、個人の意識と社会構造の二つのレベルで、歴史的に構築されてきたのである。

ところが、アイヌのコミュニティを全体とするなら、そこでも観点によってマジョリティとマイノリティが分かれてくる。血の濃い薄い、世代、貧富の差、ジェンダー、アイヌとしての／世界市民としてのアイデンティティ――言うまでもなく、アイヌ民族の内部にも多様性は存在する（小内 二〇一二）。そして、アイヌのコミュニティにおいても差別的な力学は働きうる。差別を引き起こす要因をあらかじめ特定することは難しい。どこでも差別は起こりうるという認識が重要なのだ。和人―アイヌという分かりやすい差別構造だけを見ていると、思わぬところでマイノリティが生まれていることに気づかなくなるのである。

別の例で考えてみよう。何がマジョリティとマイノリティを分けるのかは、いつもはっきりと規定されているわけではない。災害が特定の地域に甚大な被害をもたらすと、その地域に住む人びとは、家を失い、学校を失い、仕事を失い、家族を失い、場合によっては、故郷全体を失う。ウイルスの場合はどうであろうか。特定の疾患を抱える人びとや、特定の年齢層に属する人びとが、偶然、その影響を強く受けてしまう。ならば、人間の予測を超えた不確実性がマジョリティとマイノリティを分ける契機になることもある、と言えそうだ。誰かにとって生きにくい社会が全員にとって生きにくい社会であるのは、論理的に考えれば、誰もがその一人になりうるからである。

マジョリティとマイノリティの境界はつねに揺れ動いている。しかも、人間はそれを完全にはコントロールできない。何かが起こって、事後的に少数派を認識できるようになるだけなのだから。そこで必要になるのは、一人の例外もなく、すべての人間の自由を支援するための考え方ではないだろうか。それが〈普遍性〉である。これはまさに普遍的であることによって、マジョリティとマイノリティの境界の不確実性にとらわれることなく、いかなる人間の自由も侵害されるべきではない、ということを基礎づけるからだ。

もちろん、そのことによって、差別の現実を覆い隠してはいけない。マイノリティの境遇を代弁するために、マジョリティとは異なる部分を積極的に明らかにして、その差異を広く社会に公表することは重要な仕事である（もちろん、アウティングではない）。場合によっては、特別な支援も求められるだろう。だが、差異を共存させるためには、自由の普遍性を認めなければならない。

自由の普遍性

自由は実存と社会が共有する普遍的な基礎条件であり、社会的なものや一般的なものの外部に立つことを真正の自由とみなすことはできない。一人で処理すべき自己実現、多様性、自己固有性は、自由の限られた一面でしかない。孤立感を深めることなく、むしろ他者との連帯に連なっていく自由の概念を考えるべきなのだ。
ジャン＝ジャック・ルソーはこう述べている。

人間が社会契約によって喪失するものは、その生来の自由と、彼の心を引き、手の届くものすべてに対する無制限の権利とである。これに対して人間の獲得するものは、社会的自由と、その占有するいっさいの所有権とである。〔中略〕社会状態において得たものには、精神的自由を加えることができよう。精神的自由のみが、人間を真に自己の主人たらしめる。これを加える理由は、単なる欲望の衝動は人間を奴隷状態に落とすものであり、自分の制定した法への服従が自由だからである。（ルソー、二〇〇五、二百三十―二百三十一頁）

社会契約によって人間は、何をしてもよいという無制約の自由を失うが、その代わりに、公的に承認された社会的自由と所有権を手にする。社会状態は人間に精神的自由をも与えるだろう。そうして、人間は真に自己の主人となる。というのも、自分で決めたルールに自分で服従することが精神の自由の本質的意味だとすれば、複数の〈私〉の合意に基づいて制定された法に従うことは、自分で決めたルールに従うことに等しいからである。つまり、社会契約において〈私〉のルールと社会のルールは一致するはずなのである。だからこそ、政治的権限はすべての成員の自由が確保される場合にのみ、正当化されうる。

この社会契約のあらゆる条項は、よく理解されるならば、ただ一つの条項に帰着する。すなわち、各構成員は、自己をそのあらゆる権利とともに共同体全体に譲り渡すということである。それはなぜかというと、まず第一に各人はいっさいを譲り渡すので、万人にとって条件は平等となるからであり、条件が万人に平等であるなら、だれも他人の条件の負担を重くすることに関心をいだかないからである。（同書、二百二十三—二百二十四頁）

自己とそのすべての権利を共同体に譲渡することは、自由を放棄して国家の決定に従属することを意味しない。社会契約論は国家的全体主義に帰着するという批判はよくあるが、ルソーが言っているのは、精神的自由と社会的自由を普遍的に確保するために、無制約の自由を手放して社会状態を創出するしかない、ということである。したがって、その指針となる「一般意志」（公共の福祉を目指して、国家権力を指導する原理）は、例外を許さない普遍的な原理であり、「一般意志が真に一般意志であるためには、その本質におけると同様に、その対象においても、一般的でなければならない」（同書、二百四十五頁）。

たしかに、精神の自由は社会の一般性と逆立する形で尖鋭化することがある。一般性とのズレの意識が、自己の特殊性や固有性を際立たせて、そこに〈私〉はどう生きるべきかという実存の問題が現われる。だが、いつまでも社会と和解することのない実存は、その自由を自らのためにしか使用できない。そういう形でしか、自由の意識を容認できなくなるのだ。これが従来の実存哲学の舞台設定である。

ところが、ヘーゲルが的確に論じたように、自己の行為を自在に決定する権利だけでは自由への欲望は充たされず、その行為が社会的に承認されて、別言すれば、他者がその行為に価値を認めるときに初めて、自由への欲望が充足する可能性は出てくる。実存と社会が自由を媒介にして一つのものにならなければ、自由への疲労から抜け出すことは決してできない。

社会が精神的自由を保障しなければ、そして逆に、私たちが精神的自由を行使して自由の普遍性を承認しなければ、自由への欲望はその正しさを失う。自由なき社会では、自由に幸福を追求することさえ許されず、関係性の充足もソロ充の快楽もありえない。端的に言えば、不自由である方がましという言い分は、壮大な勘違いなのである。

自由を先へ推し進めて、その邪魔になるような物語はすべて徹底的に解体する。そのうえで、〈私〉の自由と他者の自由が支え合う仕組みを考える。複数の自由な存在が、自由の意識を互いに補完する相補的関係に至ることができれば、自由であることはそれほど居心地の悪いものではないだろう。

自由と承認の議論では、自己の価値を認めさせるために、〈私〉が他者による承認を求めていることが強調される。認められたい、救われたい、愛されたい。これらの欲望は分かりやすい。しかし当然、他者もまた、認められたい存在、救われたい存在、愛されたい存在である。だとすれば、〈私〉は他者が持つ承認の欲望を充たすことができる存在でもある。この認識を持っている人はあまりいない。

本来、自分が他者を認めることと他者から自分が認められることは、二つで一つのことなのである。自由の意識を補完しあうためには、互いが互いにとっての他者として主体性を発揮することが必要なのではないだろうか。簡単に言えば、認めること、救うこと、愛すること――これらのことは自分に属する可能性である、と気づくことが、自由の相補性への最初の一歩になるのだ。自由のチケットを単に受け取るのではなく、私たちはもう一度、自由であることの意味を選択する場面に来ている。簡単な課題ではないが、倦怠に苦しんで一人で悶々とするよりはましである。

自由はさまざまな生き方の可能性を認めるだけではない。不遇な立場にいる人や生きがたさを抱える人を支援することも、自由の理念には含まれている。普遍性は社会の構成員に例外なく適用されるのだから、それは特定の人びとの部分的利益を代表しない。もちろん、独断化した普遍性は危険である。しかし、相対性だけで社会は回らない。だから私たちは、普遍性を単に相対化する方法ではなく、普遍性を独断化させないための原理を考えてきたのだ。

最後に、私が担当した授業を受講した学生のレポートを紹介しよう。タイトルは「自由について」である。彼女は、奨学金を借りて、アルバイトをしながら大学に通っている。同年代の友人はアルバイト代を遊びや旅行に使って学生生活を楽しむが、自分は学費と定期代にすべて消えてしまい、新学期が近づくたびに教材費の出費で不安になる。そうして、自分の境遇に悩み、「お金があれば、自由になれるのに」と書く。が、しかし、自分は「自由でなくても、不自由ではない」とも言う。その理由をこう書いている。


自分で考えること。これはお金がなくてもできます。

私が今できる唯一のことです。


今、考えることをやめなければきっといつか自由になれると私は思います。

そして、私と同じように、自由になりたいと思っている人たちにこのことを伝えたいと私は思います。


「自由」と「不自由」――対になるこの言葉は、人間に当てはめると対ではなくなるのだと。

考えることをやめ、選ぶこともやめ、実行できる未来を諦めた時、私たちは「不自由」になるのだと。

だから今は何ができるのか、何をしなくてはいけないのか、それを考えることが「自由」になるために必要なことであると。

そして、考え続けた先に実行できるその日が待っており、ようやく「自由」になれるのだと私は思います。

生活の具体的な場面で感じる自由の意識を正直に描写する彼女の言葉は、自由の本質に届いている。お金がなくて自由を実行できなくても、考える自由を手放すわけにはいかない。そうしてしまえば、真に人間は不自由になるから。やりたいことがあっても、それをやりとげるための手段（お金）を構成できなければ、自由を実感することはできないだろう。しかし、どうすれば目的を達成できるのか、そのために何ができるのか。これらを考えるための自由は与えられている。だから、不自由ではない。考え続けるいまが、いつか実行するそのときをたしかに支える、というのだ。

自由は自分の生き方を一人で決めることを意味しない。自己実現、多様性、自己固有性にコミットできなければ、この社会の成員である資格がない、ということでもない。「私と同じように、自由になりたいと思っている人たちにこのことを伝えたい」と彼女は書いている。〈私〉の自由が他者の自由を支え、他者の自由が〈私〉の自由を支えるときに初めて、自由の理念が十全化する可能性が出てくるのである。

＊

自由への疲労を感じる者と自由から見放された者は、全く異なる理由から生の困難に直面する。そういう人びとにとって、〈普遍性〉という概念は、あまり重要なものには見えない。それは自由な生を楽しむことができる者の理屈であり、自分たちはそこから除外されているように思われるからだ。このリアリティは深いものである。

すると、普遍性を創出する動機が社会から奪われていく。しかし、その先にあるのは、暴力で自由を奪還しなければならないほどに、身動きが取れなくなった状態である。現象学的言語ゲームを開始して善の原始契約に入っていくことは、もう一度、自由の本質を自覚して、それを選び取ることを意味する。逆に言えば、大多数の人びとが自由を選ばない場合、現象学的言語ゲームは机上の空論にすぎない。

自由の普遍性は、その時代に生きる者のたゆまぬ努力が創出するものであって、あらかじめ世界に用意されているレディメイドではない。幸福の基礎条件としての自由の普遍性は、人間の努力によってのみ維持されるのだから。この努力を止めてしまえば、闘争状態に差し戻され、一人ひとりの生の選択肢は極端に狭くなってしまう。

それでも、人間は自由を選ぶ。私はそう信じている。

文献一覧

外国語文献

Boghossian, Paul. 2006. *Fear of Knowledge: Against Relativism and Constructivism*. Oxford: Offord University Press.

Gabriel, Markus. 2014. *An den Grenzen der Erkenntnistheorie: Die notwendige Endlichkeit des objektiven Wissens als Lektion des Skeptizismus*. 2 Auflage. München: Verlag Karl Alber.

———. 2015. *Fields of Sense: A New Realist Ontology*. Edinburgh: Edinburgh University Press.

———. 2020. *Moralischer Fortschritt in dunklen Zeiten: Universale Werte für das 21*. Jahrhundert. Berlin: Ullstein.

Ferraris, Maurizio. 2014. *Manifesto of New Realism*. Translated by Sarah De Sanctis. New York: State University of New York Press.

Hall, Stuart. 1992. "The Question of Cultural Identity." In Stuart Hall, David Held, and Tony McGrew (eds.), *Modernity and Its Futures*. Cambridge: Polity Press in association with Blackwell Publishers and The Open University, 273-326.

Held, Klaus. 2000. "The Controversy Concerning Truth: Towards a Prehistory of Phenomenology." Translated by Amy Morgenstern. *Husserl Studies* 17: 35-48.

Nagel, Thomas. 1997. *The Last Word*. New York/Oxford: Oxford University Press.

邦訳文献

アドルノ、テオドーア・W　一九九五『認識論のメタクリティーク――フッサールと現象学的アンチノミーにかんする諸研究』古賀徹／細見和之訳、法政大学出版局（叢書・ウニベルシタス）。

アーペル、カール＝オットー　一九八四「知識の根本的基礎づけ――超越論的遂行論と批判的合理主義」宗像恵／伊藤邦武訳、竹市明弘編『哲学の変貌』、岩波書店（岩波現代選書）、百八十五―二百六十六頁。

アンブローズ、アリス編　二〇一三『ウィトゲンシュタインの講義――ケンブリッジ　一九三二―一九三五年』野矢茂樹訳、講談社（講談社学術文庫）。

ウィトゲンシュタイン、ルートヴィヒ　二〇二〇『哲学探究』鬼界彰夫訳、講談社。

エピクロス　一九五九『エピクロス――教説と手紙』出隆／岩崎允胤訳、岩波書店（岩波文庫）。

ガーゲン、ケネス・J　二〇〇四『あなたへの社会構成主義』東村知子訳、ナカニシヤ出版。

ガブリエル、マルクス　二〇一八a『なぜ世界は存在しないのか』清水一浩訳、講談社（講談社選書メチエ）。

――　二〇一八b「非自然主義的実在論のために」斎藤幸平／岡崎龍訳、『現代思想』二〇一八年一月号、百三十三―百五十頁。

――　二〇一九『「私」は脳ではない――二十一世紀のための精神の哲学』姫田多佳子訳、講談社（講談社選書メチエ）。

――　二〇二〇『新実存主義』廣瀬覚訳、岩波書店（岩波新書）。

カント、イマヌエル　一九七九『実践理性批判』波多野精一／宮本和吉／篠田英雄訳、岩波書店（岩波文庫）。

グッドマン、ネルソン　二〇〇八『世界制作の方法』菅野盾樹訳、筑摩書房（ちくま学芸文庫）。

ゲーテ、ヨハン・ヴォルフガング・フォン　一九八九『ゲーテ詩集』〔改版〕高橋健二訳、新潮社（新潮文庫）。

――　二〇〇一『色彩論』木村直司訳、筑摩書房（ちくま学芸文庫）。

コジェーヴ、アレクサンドル　一九八七『ヘーゲル読解入門――『精神現象学』を読む』上妻精／今野雅方訳、国文社。

サイード、エドワード・W　一九九三『オリエンタリズム』（全二冊）、今沢紀子訳、平凡社（平凡社ライブラリー）。

——一九九八『知識人とは何か』大橋洋一訳、平凡社（平凡社ライブラリー）。

シェーラー、マックス　一九七七a『同情の本質と諸形式』青木茂／小林茂訳、飯島宗享／小倉志祥／吉沢伝三郎編『シェーラー著作集 八』、白水社。

——一九七七b「宇宙における人間の地位」亀井裕／山本達訳、飯島宗享／小倉志祥／吉沢伝三郎編『シェーラー著作集 十三』、白水社。

——一九七七c「哲学的世界観」亀井裕／安西和博訳、飯島宗享／小倉志祥／吉沢伝三郎編『シェーラー著作集 十三』、白水社。

——一九七八「現象学と認識論」小林靖昌訳、飯島宗享／小倉志祥／吉沢伝三郎編『シェーラー著作集 十五』、白水社。

スピヴァク（スピヴァック）、ガヤトリ・チャクラヴォルティ　一九九二『ポスト植民地主義の思想』清水和子／崎谷若菜訳、彩流社。

——一九九八『サバルタンは語ることができるか』上村忠男訳、みすず書房（みすずライブラリー）。

セクストス、エンペイリコス　一九九八『ピュロン主義哲学の概要』金山弥平／金山万里子訳、京都大学学術出版会。

ディオニュシオス、アレオパギテス　二〇一八「神秘神学」今義博訳、上智大学中世思想研究所編訳・監修『ギリシア教父・ビザンティン思想』（中世思想原典集成　精選 一）、平凡社（平凡社ライブラリー）。

ドレイファス、ヒューバート・L＋テイラー、チャールズ　二〇一六『実在論を立て直す』村田純一監訳、染谷昌義／植村玄輝／宮原克典訳、法政大学出版局（叢書・ウニベルシタス）。

デカルト、ルネ　二〇〇六『省察』山田弘明訳、筑摩書房（ちくま学芸文庫）。

デネット、ダニエル・C　一九九八『解明される意識』山口泰司訳、青土社。

ハイデッガー、マルティン　一九六二『世界像の時代』（ハイデッガー選集XIII）桑木務訳、理想社。

――　一九八八『時間概念の歴史への序説――第二部門　講義（一九一九―四四）』（ハイデッガー全集第二十巻）常俊宗三郎／嶺秀樹／レオ・デュムペルマン訳、創文社。

――　一九九四『形而上学入門――付・シュピーゲル対談』川原栄峰訳、平凡社（平凡社ライブラリー）。

――　一九九七『「ヒューマニズム」について――パリのジャン・ボーフレに宛てた書簡』渡邊二郎訳、筑摩書房（ちくま学芸文庫）。

ハーバーマス、ユルゲン　一九九四『公共性の構造転換――市民社会の一カテゴリーについての探究』〔第二版〕細谷貞雄／山田正行訳、未來社。

――　一九九九『近代の哲学的ディスクルスI』三島憲一／轡田収／木前利秋／大貫敦子訳、岩波書店（岩波モダンクラシックス）。

バーバ、ホミ・K　二〇一二『文化の場所――ポストコロニアリズムの位相』〔新装版〕本橋哲也／正木恒夫／外岡尚美／阪元留美訳、法政大学出版局（叢書・ウニベルシタス）。

ハーマン、グレアム　二〇一七『四方対象――オブジェクト指向存在論入門』岡嶋隆佑監訳、山下智弘／鈴木優花／石井雅巳訳、人文書院。

――　二〇二〇『思弁的実在論入門』上尾真道／森元斎訳、人文書院。

ピンカー、スティーブン　二〇一五『暴力の人類史』（全二冊）幾島幸子／塩原通緒訳、青土社。

フーコー、ミシェル　二〇〇六『フーコー・コレクション　四――権力・監禁』）小林康夫／石田英敬／松浦寿輝編、筑摩書房（ちくま学芸文庫）。

――　二〇二〇『監獄の誕生――監視と処罰』田村俶訳、新潮社。

フッサール、エトムント（エドムント）　一九六五『現象学の理念』立松弘孝訳、みすず書房。

――　一九六八『論理学研究　一』立松弘孝訳、みすず書房。

――　一九七〇『論理学研究　二』立松弘孝訳、みすず書房。

―― 一九七九『イデーンⅠ‐Ⅰ』渡辺二郎訳、みすず書房。

―― 一九八四『イデーンⅠ‐Ⅱ』渡辺二郎訳、みすず書房。

―― 一九九九『経験と判断』ルートヴィヒ・ラントグレーベ編／長谷川宏訳、河出書房新社。

―― 二〇〇一『デカルト的省察』浜渦辰二訳、岩波書店（岩波文庫）。

―― 二〇一三『間主観性の現象学Ⅱ――その展開』浜渦辰二／山口一郎監訳、筑摩書房（ちくま学芸文庫）。

―― 二〇一五『間主観性の現象学Ⅲ――その行方』浜渦辰二／山口一郎監訳、筑摩書房（ちくま学芸文庫）。

プラトン 一九八八『プロタゴラス』藤沢令夫訳、岩波書店（岩波文庫）。

―― 二〇〇八『国家（下）』（改版）藤沢令夫訳、岩波書店（岩波文庫）。

―― 二〇〇九『国家（上）』（改版）藤沢令夫訳、岩波書店（岩波文庫）。

フロム、エーリッヒ 一九六五『自由からの逃走』日高六郎訳、東京創元社（現代社会科学叢書）。

ホッブズ、トマス 一九七九『リヴァイアサン』永井道雄／宗片邦義訳、永井道雄責任編集『ホッブズ』（「世界の名著」二十八）、中央公論社（中公バックス）。

ホルクハイマー、マックス＋アドルノ、テオドール 二〇〇七『啓蒙の弁証法――哲学的断想』徳永恂訳、岩波書店（岩波文庫）。

メイヤスー、カンタン 二〇一六『有限性の後で――偶然性の必然性についての試論』千葉雅也／大橋完太郎／星野太訳、人文書院。

メルロ＝ポンティ、モーリス 二〇〇一「人間の科学と現象学」木田元訳、木田元編『人間の科学と現象学』（メルロ＝ポンティ・コレクション 二）、みすず書房、三十五―百四十六頁。

ラエルティオス、ディオゲネス 一九九四『ギリシア哲学者列伝（下）』加来彰俊訳、岩波書店（岩波文庫）。

ルソー、ジャン＝ジャック 二〇〇五『人間不平等起原論 社会契約論』小林善彦／井上幸治訳、中央公論新社（中公クラシックス）。

レーヴィット、カール　二〇〇八『共同存在の現象学』熊野純彦訳、岩波書店（岩波文庫）。

レヴィナス、エマニュエル　一九九一『フッサール現象学の直観理論』佐藤真理人／桑野耕三訳、法政大学出版局（叢書・ウニベルシタス）。

――　二〇〇五『全体性と無限（上）』熊野純彦訳、岩波書店（岩波文庫）。

――　二〇〇六『全体性と無限（下）』熊野純彦訳、岩波書店（岩波文庫）。

レーニン、ウラジーミル・イリイチ　一九五六『帝国主義』宇高基輔訳、岩波書店（岩波文庫）。

ローティ、リチャード　二〇〇二『リベラル・ユートピアという希望』須藤訓任／渡辺啓真訳、岩波書店。

日本語文献

伊藤　計劃　二〇一四『ハーモニー』〔新版〕、早川書房（ハヤカワ文庫）。
岩内　章太郎　二〇一九『新しい哲学の教科書――現代実在論入門』、講談社（講談社選書メチエ）。
――　二〇二〇「本質を獲得するとはいかなることか」、竹田青嗣／西研編著『現象学とは何か――哲学と学問を刷新する』、河出書房新社、二百八十五―三百十五頁。
宇佐見　りん　二〇二〇『推し、燃ゆ』、河出書房新社。
小内　透編著　二〇一二『現代アイヌの生活の歩みと意識の変容――二〇〇九年北海道アイヌ民族生活実態調査報告書』、北海道大学アイヌ・先住民研究センター。
竹田　青嗣　一九八九『現象学入門』、日本放送出版協会（ＮＨＫブックス）。
――　二〇〇一『言語的思考へ――脱構築と現象学』、径書房。
――　二〇一七ａ『欲望論』第一巻（「意味」の原理論）、講談社。
――　二〇一七ｂ『欲望論』第二巻（「価値」の原理論）、講談社。
谷　徹　一九九八『意識の自然――現象学の可能性を拓く』、勁草書房。

苫野一徳 二〇二〇「教育の本質学――教育学の指針原理の解明」、竹田青嗣／西研編著『現象学とは何か――哲学と学問を刷新する』、河出書房新社、百六十二―百九十三頁。
西研 二〇〇五『哲学的思考』、筑摩書房（ちくま学芸文庫）。
―― 二〇一九『哲学は対話する――プラトン、フッサールの〈共通了解をつくる方法〉』、筑摩書房（筑摩選書）。
橋爪大三郎 二〇〇九『はじめての言語ゲーム』、講談社（講談社現代新書）。
平野啓一郎 二〇一二『私とは何か――「個人」から「分人」へ』、講談社（講談社現代新書）。
廣川洋一 一九九七『ソクラテス以前の哲学者』、講談社（講談社学術文庫）。
福井憲彦 二〇一〇『近代ヨーロッパ史――世界を変えた十九世紀』、筑摩書房（ちくま学芸文庫）。
行岡哲男 二〇一二『医療とは何か――現場で根本問題を解きほぐす』河出書房新社（河出ブックス）。

その他

『聖書』、和英対照（和文：新共同訳／英文：Today's English Version）、日本聖書協会発行、二〇〇四年。
ブレット・ラトナー監督『天使のくれた時間』ユニバーサル・ピクチャーズ、二〇〇〇年。
北海道アイヌ協会ホームページ（https://www.ainu-assn.or.jp）
北海道庁環境生活部アイヌ政策推進局アイヌ政策課ホームページ（http://www.pref.hokkaido.lg.jp/ks/ass/index.htm）

あとがき

〈普遍性〉という言葉を耳にするとき、私の頭にまず思い浮かぶのは、じつは現象学ではなく、文芸批評である。私もこのことを不思議に思っているが、学生時代は哲学よりもむしろ文学の方に熱中していたので、考えてみれば、これは当たり前のことなのかもしれない。しかし、私が書いた小説を読んでくださった恩師のコメントは、「もう二度と小説は書くな」という辛辣なものであった（もちろん、これは愛情である）。それ以来、小説を書いたことは一度もない。

文芸批評家は、自分の内側でつかんだ作品の感触を、言葉の論理やレトリックを駆使して表現するが、それは、その作品の優れているところを、自分以外の誰かに伝えるためである。実存と普遍性のあいだで言葉をいかそうとしない批評は、結局のところ、分かる人にしか分からない晦渋《かいじゅう》な文章か、どこにでもある感想文になってしまう。それはちょうど、哲学の相対主義と独断主義にもよく似ている。

この作品のよさは自分にしか分からないという、ある種の閉ざされた実存感覚を保ちながら、しかし、それを普遍的なものに向かって何とか表現しようとする批評の努力を、いつも私は、運よく、加藤典洋や竹田青嗣の態度と言葉から、直接に感じ取れる環境にいた。自分の感覚から離れたものを無理に言葉にしてはいけない、自分が感じたものを自分だけが分かる言葉で書いてはいけない。私が文芸批評から学んだのは、つまりはそういうことだった。

だから、本書を書く前にまず考えたのは、自分にとって普遍性はどういうありかたをしているのか、ということだった。つぎに思ったのは、自分よりもさらに若い世代のなかで、普遍性という言葉は、はたして生きているのだろうか、ということである。すると、普遍性という言葉が、じつは自分にとってはほとんど意味を失ってしまっていること、しかし逆に、若い世代は普遍性の感度を取り戻しつつあることに気づいて、私は驚いた。現象学の研究はひとまず括弧に入れておいて、初めから考え直すことにした。この作業が私に「もう一度、自由を選ぶ」という文章を書かせた。

本書の執筆にあたり、数多くの方々にお世話になった。現象学については、竹田青嗣教授、西研教授、佐藤真理人教授の「読み」から大きな影響を受けている。金泰明教授と勝方＝稲福恵子教授がいなければ、私が構築主義や絶対他者の哲学に取り組むことはできなかっただろう。森岡正博教授からは、共同で大学院の授業を担当した際に、ウィトゲンシュタインの言語ゲーム論についての重要な示唆をいただいた。

哲学の先輩である岡田聡さんは、マルクス・ガブリエルのテキストについて、ドイツ語のこまやかな理解に基づいた有益なアドバイスをくださった。私の授業を受講していた佐藤奈緒さんは、若者が感じている自由の意識を真っすぐな言葉で伝えてくれた。竹田ゼミの友人である嘉山優さんは、本書の原稿の一部を読み、現代の実存意識について、いくつかの重要な視点を示してくれた。また、二〇二〇年度秋学期に早稲田大学国際教養学部で開講された基礎演習の参加者は、終章のもとになった原稿を読み、忌憚《きたん》のない率直な意見を言ってくれた。深く感謝申し上げます。

ＮＨＫブックスの倉園哲さんとは、本書の方向性について何度も話しあい、この内容と構成は二人の共同作業と言えるものになった。倉園さんのお力添えがなければ、本書が完成しなかったのは間違いない。本をつくる作業は、本当に一人では不可能であるということを実感した日々でした。心から感謝しています。

最後に、家族に感謝を伝えたい。遠くに住んでいる両親、義父母、弟夫妻には、この一年、なかなか会うことができていないが、それでも精神的に支えられている。私が「ソロ充」という言葉を知ったのも、弟の書いた新聞記事がきっかけだった。そして、一緒に暮らしている夏子と和豊と猫のシェーラー。いつも勉強させてくれて、本当にありがとうございます。

二〇二一年五月

岩内章太郎

岩内章太郎（いわうち・しょうたろう）
豊橋技術科学大学准教授。1987年、札幌生まれ。早稲田大学国際教養学部卒業、同大大学院国際コミュニケーション研究科博士後期課程修了。博士（国際コミュニケーション学）。同大国際教養学部助手を経て現職。専門は現象学を中心とした哲学。
著書に『新しい哲学の教科書――現代実在論入門』（講談社選書メチエ）、『現象学とは何か――哲学と学問を刷新する』（共著・河出書房新社）、『交域する哲学』（共著・月曜社）など。

NHK *BOOKS* 1269

〈普遍性〉をつくる哲学
「幸福」と「自由」をいかに守るか

2021年6月25日　第1刷発行

著　者　岩内章太郎　©2021 Iwauchi Shotaro
発行者　森永公紀
発行所　NHK出版
東京都渋谷区宇田川町41-1　郵便番号150-8081
電話 0570-009-321（問い合わせ）　0570-000-321（注文）
ホームページ　https://www.nhk-book.co.jp
振替　00110-1-49701
装幀者　水戸部 功
印　刷　三秀舎・近代美術
製　本　三森製本所

Printed in Japan　ISBN978-4-14-091269-0 C1310

NHK BOOKS

＊宗教・哲学・思想

※在庫品切れの際はご容赦下さい。

NHK BOOKS

*文学・古典・言語・芸術

日本語の特質　金田一春彦
言語を生みだす本能(上)(下)　スティーブン・ピンカー
思考する言語―「ことばの意味」から人間性に迫る―(上)(中)(下)　スティーブン・ピンカー
小説入門のための高校入試国語　石原千秋
評論入門のための高校入試国語　石原千秋
ドストエフスキイ―その生涯と作品―　埴谷雄高
ドストエフスキー　父殺しの文学(上)(下)　亀山郁夫
英語の感覚・日本語の感覚―〈ことばの意味〉のしくみ―　池上嘉彦
英語の発想・日本語の発想　外山滋比古
英文法をこわす―感覚による再構築―　大西泰斗
絵画を読む―イコノロジー入門―　若桑みどり
フェルメールの世界―17世紀オランダ風俗画家の軌跡―　小林頼子
子供とカップルの美術史―中世から18世紀へ―　森　洋子
形の美とは何か　三井秀樹
刺青とヌードの美術史―江戸から近代へ―　宮下規久朗
オペラ・シンドローム―愛と死の饗宴―　島田雅彦
伝える！ 作文の練習問題　野内良三
新版 論文の教室―レポートから卒論まで―　戸田山和久
宮崎駿論―神々と子どもたちの物語―　杉田俊介
万葉集―時代と作品―　木俣　修
西行の風景　桑子敏雄
深読みジェイン・オースティン―恋愛心理を解剖する―　廣野由美子
舞台の上のジャポニスム―演じられた幻想の〈日本女性〉―　馬渕明子
スペイン美術史入門―積層する美と歴史の物語―　大高保二郎ほか
「古今和歌集」の創造力　鈴木宏子

※在庫品切れの際はご容赦下さい。

NHK BOOKS

＊教育・心理・福祉

不登校という生き方―教育の多様化と子どもの権利― 奥地圭子
身体感覚を取り戻す―腰・ハラ文化の再生― 斎藤 孝
子どもに伝えたい〈三つの力〉―生きる力を鍛える― 斎藤 孝
フロイト―その自我の軌跡― 小此木啓吾
孤独であるためのレッスン 諸富祥彦
内臓が生みだす心 西原克成
母は娘の人生を支配する―なぜ「母殺し」は難しいのか― 斎藤 環
福祉の思想 糸賀一雄
アドラー 人生を生き抜く心理学 岸見一郎
「人間国家」への改革―参加保障型の福祉社会をつくる― 神野直彦

＊社会

嗤う日本の「ナショナリズム」 北田暁大
社会学入門―〈多元化する時代〉をどう捉えるか― 稲葉振一郎
ウェブ社会の思想―〈遍在する私〉をどう生きるか― 鈴木謙介
新版 データで読む家族問題 湯沢雍彦／宮本みち子
現代日本の転機―「自由」と「安定」のジレンマ― 高原基彰
議論のルール 福沢一吉
「韓流」と「日流」―文化から読み解く日韓新時代― クォン・ヨンソク
希望論―2010年代の文化と社会― 宇野常寛・濱野智史
ITが守る、ITを守る―天災・人災と情報技術― 坂井修一
団地の空間政治学 原 武史
図説 日本のメディア［新版］―伝統メディアはネットでどう変わるか― 藤竹 暁／竹下俊郎
ウェブ社会のゆくえ―〈多孔化〉した現実のなかで― 鈴木謙介
情報社会の情念―クリエイティブの条件を問う― 黒瀬陽平
未来をつくる権利―社会問題を読み解く6つの講義― 荻上チキ
新東京風景論―箱化する都市、衰退する街― 三浦 展
日本人の行動パターン ルース・ベネディクト
「就活」と日本社会―平等幻想を超えて― 常見陽平
現代日本人の意識構造［第九版］ NHK放送文化研究所 編

※在庫品切れの際はご容赦下さい。

NHK BOOKS

＊政治・法律

国家論―日本社会をどう強化するか―　佐藤　優
マルチチュード―〈帝国〉時代の戦争と民主主義―(上)(下)　アントニオ・ネグリ／マイケル・ハート
コモンウェルス―〈帝国〉を超える革命論―(上)(下)　アントニオ・ネグリ／マイケル・ハート
叛逆―マルチチュードの民主主義宣言論―　アントニオ・ネグリ／マイケル・ハート
ポピュリズムを考える―民主主義への再入門―　吉田　徹
中東　新秩序の形成―「アラブの春」を超えて―　山内昌之
「デモ」とは何か―変貌する直接民主主義―　五野井郁夫
権力移行―何が政治を安定させるのか―　牧原　出
国家緊急権　橋爪大三郎
自民党政治の変容　中北浩爾
未承認国家と覇権なき世界　廣瀬陽子
安全保障を問いなおす―「九条―安保体制」を越えて―　添谷芳秀
アメリカ大統領制の現在―権限の弱さをどう乗り越えるか―　待鳥聡史
日本とフランス「官僚国家」の戦後史　大嶽秀夫

＊経済

考える技術としての統計学―生活・ビジネス・投資に生かす―　飯田泰之
生きるための経済学―〈選択の自由〉からの脱却―　安冨　歩
資本主義はどこへ向かうのか―内部化する市場と自由投資主義―　西部　忠
雇用再生―持続可能な働き方を考える―　清家　篤
希望の日本農業論　大泉一貫
資本主義はいかに衰退するのか―ミーゼス、ハイエク、そしてシュンペーター―　根井雅弘

※在庫品切れの際はご容赦下さい。